本书由北京物资学院本科生科学研究与创业行动计划项目专项经费资助

大学生综合创新训练
——探索与实践
（2014 年）

郭　键　白学波　主编

中国财富出版社

图书在版编目（CIP）数据

大学生综合创新训练．探索与实践：2014 年／郭键，白学波主编．—北京：中国财富出版社，2015.7

ISBN 978 - 7 - 5047 - 5731 - 9

Ⅰ.①大… Ⅱ.①郭… ②白… Ⅲ.①大学生—创造能力—能力培养—研究报告—中国 Ⅳ.①G640

中国版本图书馆 CIP 数据核字（2015）第 118542 号

| 策划编辑 | 禹 冰 | 责任印制 | 方朋远 |
| 责任编辑 | 曹保利 禹 冰 | 责任校对 | 杨小静 |

出版发行	中国财富出版社（原中国物资出版社）		
社 址	北京市丰台区南四环西路 188 号 5 区 20 楼	邮政编码	100070
电 话	010 - 52227568（发行部）	010 - 52227588 转 307（总编室）
	010 - 68589540（读者服务部）	010 - 52227588 转 305（质检部）
网 址	http://www.cfpress.com.cn		
经 销	新华书店		
印 刷	北京京都六环印刷厂		
书 号	ISBN 978 - 7 - 5047 - 5731 - 9 /G · 0623		
开 本	710mm×1000mm 1/16	版 次	2015 年 7 月第 1 版
印 张	10.75	印 次	2015 年 7 月第 1 次印刷
字 数	187 千字	定 价	38.00 元

序　言

为贯彻北京市委、市政府建设创新型城市的战略部署，落实"人文、绿色、科技"三大理念，满足首都城市功能定位对高素质、创新型人才的需求，2008年市教委启动了北京市大学生科学研究与创业行动计划，通过参与项目开发的方式激发大学生创新精神与创业热情，提高科学研究与创业能力，推动人才培养模式改革。

自从2008年北京市教委下达各高校开展大学生科学研究与创业行动计划项目工作以来，北京物资学院充分调动各单位、学院资源，动员广大在校学生积极参与大学生科学研究与创业行动计划项目。截至2014年，我校共评选立项大学生科学研究与创新创业行动计划项目829项，近三千名学生参与，70%的项目顺利结项，公开发表论文19篇，申请专利1个，积累了大量有一定价值的调研报告和结项报告，连续5年在全校范围内组织优秀项目评选、成果展和交流会。

2014年6月，学校组织大学生科学研究与创业行动计划项目优秀成果评选，经过学院推荐、校内专家评审、校外专家评审、PPT答辩等多个环节评选，共评出一等奖3项、二等奖6项、三等奖10项。动员各学院组织学生积极申报2014—2015学年项目的申报工作，全校共申报国家级项目40项，北京市级项目150项，校级项目45项。

随着我校高等教育改革和创新人才培养模式改革的推进，为在全校范围内营造浓郁的科学研究与创新氛围，学校以"大学生科学研究与创业行动计划项目"为载体，以组织学生参与学科竞赛、社会实践、调查活动等为抓手，将科学研究与人才培养紧密结合，形成了具有我校特色的大学生创新实践教育机制，使大学生的科研训练和创新实践贯穿于人才培养的全过程。通过实施大学生科学研究与创业行动计划项目，校园科学研究氛围日渐浓郁，越来越多的大学生积极参与科学研究活动、学科竞赛和社会调查活动。在科学研究的助力下，近三年来我校学生在国际数学建模大赛、北京大学生数学建模与计算机应用竞赛等多项学科竞赛中屡获佳绩，共获得各类市级以上奖项217 项。

本书收录了 19 篇优秀项目的结项报告论文，节选了部分项目参与学生在项目开展过程中的点滴感想，旨在展示大学生科学研究成果，交流参与科学研究经验，宣传"大学生科学研究与创业行动计划项目"在培养学生创新精神、提高实践能力中发挥的重要作用，从而激励和引导更多的学生参与科学研究和创新实践活动。在此，对参与成果评选、展示的学生和指导教师表示诚挚的谢意。

编　者
2015 年 3 月

目　　录

学科类别：跨学科

"物院便民宿舍联盟"构建的可行性研究

——以优玛特"O2O"电商平台为载体

学生姓名：彭旭　周宇航

指导教师：宋玉卿　副教授

摘　要：随着信息技术的发展，网络逐渐进入千家万户。电子商务更是发展迅速，在社会零售额中所占比重与日俱增。以苏宁云商为代表的"O2O"模式日益赢得人们的关注。我们以高校市场的实际情况为基础，以O2O电商平台为载体进行探索，建立一个以"物院便民宿舍联盟"为基础，以"有嘛网"为载体的全新的、开放的、充满活力的电子商务平台。

关键词：O2O；电子商务；便民宿舍联盟；可行性研究

一、引言

1. 项目研究简介

随着我国高校不断扩招和经济的发展，高校市场逐渐成为一个巨大的消费市场，成为企业一个重要的、具有战略意义的市场。高校市场具有容量大、分布集中、稳健增长、连续性强等特点。

针对大学生这一顾客群体的消费特点，我们将所学的采购与供应管理、现代物流、市场营销、电子商务的相关知识进行整合，在校园这一市场内进行探索实践，开展创业项目。前期，我们试图在每一栋学生公寓找一个合伙人，构建"物联体"。然后从厂商、批发商进货，统一运送、分包到我们所召集的合伙人中，再由我们的合伙人为顾客提供售卖和增值服务。

后来，我们意识到唯有创新才能更快地占领消费市场，于是我们将触角伸向了最具创新的互联网领域。于是后期我们在"物院便民宿舍联盟"的基础上成立优玛特电子商务有限公司，依托互联网这个更大的平台引进当今社会最流行的 O2O 商业模式。

2. 项目研究原因

随着信息技术的迅速发展和移动互联网时代的到来，电子商务观念正不断深入人心，大学生对于电子商务这一平台更是喜爱有加。通过打造电子商务平台，使同学们能够通过手机、PAD、计算机等网络方式向我们订购所需的产品和服务。然后，我们通过网络信息中心直接传送服务信息；通过二维码、VIP 卡提供服务；通过布局在校园内外的多个"中转站"，迅速、快捷、安全地将同学所需商品送达。同时，我们通过会员注册、收集客户数据、分析客户喜好和需求，改进我们的服务，为客户创造更多的价值。

目前学校有多栋宿舍楼，并且分散在学校不同的地方，尤其是 1～6 号楼的宿舍，很多同学由于早上起得太晚而顾不上买早点，或是各项事务缠身而没有时间吃饭，或是突然想吃点零食却懒得出宿舍楼。原来宿舍楼下的小卖部不再营业，给同学们的生活带来了许多不便。同学们对于宿舍成立小卖部的呼声很高。构建"物院便民宿舍联盟"主要有两个意义。第一，理论与实践相结合。通过这个项目，我们可以把采购与供应链管理的理论知识运用到实践中去，自己亲身体验整个采购与供应过程，不断提高自己的实践能力与知识运用能力。整个过程涉及供货商的选定、采购谈判、库存管理、供应管理等多个环节，提高学习效果。第二，为学生生活提供方便。物联体的建立，可以让很多晚上开会开到很晚的同学有一碗香喷喷的面，可以给起晚的同学来一份有营养的早点等。若每个宿舍楼都开有销售点，还可以与校园超市形成一个竞争，互相压制价格，从而便利同学。这个项目不仅便利了同学，也给我们这些参与此次项目的每个人带来了收获，既解决了业余时间兼职的问题，也通过这个项目锻炼了自己各方面能力，一举两得。

3. 项目创新点

（1）创办便民宿舍联盟，让我们每个人都切切实实地亲自体验整个采购与供应链管理的过程，把学习的理论知识运用到实践中去，增强学习效果。

（2）使同学的生活更便利，和校园超市形成竞争关系，更好地维护同学们的利益。

（3）紧跟时代潮流，运用最前沿的 O2O 电子商务模式。

（4）销售是一个公司最历练人的职位，经过这样的历练，将给每个销售者带来不小的收获。

二、可行性论证

1. 项目研究方法

（1）资料搜集法。是指根据一定的研究目的或项目需要，通过查阅文献、阅读材料、向专业人员请教等多种方式来搜集相关资料，全面地、正确地了解所要研究的问题，从中发现得到结论的一种研究方法。资料搜集法是非常有效的研究方法，帮助我们如何正确地寻找供应商，如何进行商业谈判等，也为我们最后论文写作提供理论支撑。

（2）统计分析法。就是运用统计学原理和方法处理调查所获得的数据资料。

每周日晚上我们都会抽出时间开会，将一周搜集到的有关数据和资料进行整理、录入、归纳、处理、分析、总结。这样一来就为后续的项目研究提供了数据上的充足保障与支撑。我们认为，通过以上一系列步骤所得出的数据将会更有说服力。

我们正是运用了以上这些调研方式，并且科学、高效地运用，将这些方法有效结合起来，相得益彰，相互弥补，才使项目按部就班地开展下去。

2. 可行性分析

（1）时间方面可行性。同学们课外的时间相对比较丰富，可以保证我们有一定的时间投入到科研实践活动中来。并且我们的便民超市规定了营业时间段，在上课期间一般不会营业，也不会耽误同学们的时间，影响正常的学习生活。

长达一年的商业实践，对我们的研究也是有利的，通过对不同季节、不同时期的比较、研究，使我们的研究结论也更加趋于客观性。

（2）经济方面可行性。团队核心成员筹资了一笔钱，完全可以维持一个月的增长营业，并且经营快消品，资金回笼是非常快的，所以资金不是很大的问题。随着规模的扩大，我们和供应商的话语权也会加大，如果达到了一定的程度，我们可以要求先卖货，后付钱，这样便可以把风险转移到供应商身上。

（3）组织方面可行性。我们已经建立起良好的团队组织，各成员间已建立良好的协作关系。实践活动之前我们将成员分工具体化，我们将活动规章准则制度化，还制订了合适的培训计划；此外，我们核心团队成员基本都是比较有商业头脑的人，思维很活跃，商业点子也比较多。这些都非常有利于我们方方面面工作的开展，从团队组织方面来说，我们的项目是具有很大的可行性的。

（4）实施方面可行性。我们学校离北京八里桥批发中心非常近，有利于我们寻找货源和货物运输，从而降低运输成本和时间成本。除此之外，我们每个人的宿舍恰巧只有两到三人，宿舍空间很大，有利于存储一部分商品。

3. 市场分析

（1）基本概括。在我国，目前在校大学生人数已超过 2000 万。除去学杂费、住宿费，一年的开销包括教育费用、娱乐休闲、社交的费用，平均每人每年 4000 元，这就意味着有 800 多亿元的高校市场。

大学生市场具有独特的商业价值。他们有较高的学历和综合能力，对产品的质量、送货速度要求高；他们相对集中的区域、可观的消费能力及相对宽松的竞争环境，使得项目在校园市场较社会而言更有可行性。

目前国内的网购市场迅速发展，其交易量以每年一倍的速度增长，全国拥有 2000 多万在校大学生，且大学生的网络使用普及率接近 100%，这些都为大学生校内网络商城的成功运营提供了保障。网上购物已成为大学生流行的一种消费方式。

在我校，目前共有 6 个学院，有本科生 6000 余人、研究生 600 余人、教师 600 余人。学生公寓 10 栋，1～6 号楼位于学校正北部，10 号、11 号、12 号及 20 号楼位于学校东中部。1～6 号楼距离最近的超市距离较远，购物十分不便；10 号、11 号、12 号及 20 号楼距离超市较近。

在校园里，有较为完善的网络体系，已经基本实现校内校外的网络互联，大多数学生可以在宿舍和教学楼上网，这为实现校园电子商务提供了网络基础。

（2）问卷调查分析。图 1～图 4 为各项数据分析情况。

根据以上数据和问卷情况，我们分析得出如下结论：

①大部分大学生的消费能力较强，具有资金的支配能力，自主消费比例大；

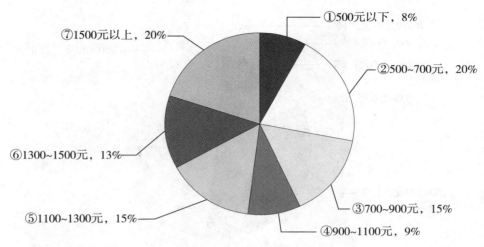

图 1　月平均消费情况

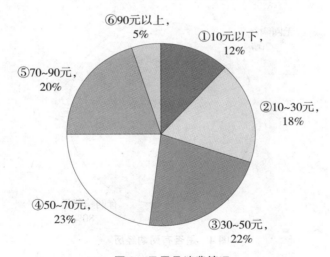

图 2　日用品消费情况

②大学生的恩格尔系数较高，食品消费占总费用的绝大部分；

③大学生思想比较开放，好奇心大，勇于尝试新事物，学生们成了天然的网上消费群体；

④校园市场潜力大，发展前景非常广阔；

⑤大学生学习压力较大，时间成本高，需要有人提供送货上门的服务；

⑥大学生对于实习、兼职、送餐等服务比较热衷；

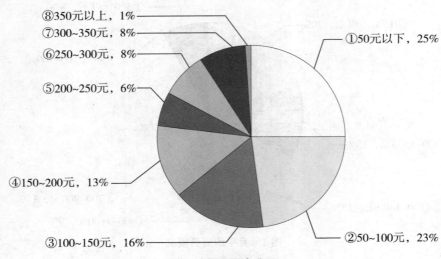

图 3　每月零食费用

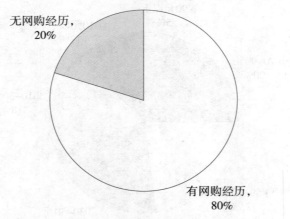

图 4　是否有网购经历

⑦大学生恋爱消费成本高，为我们提供鲜花、蛋糕、电影票优惠和团购服务提供机会。

4．机遇风险

（1）机遇。

①大学生消费水平高，而且在全国上网人数中大学生占据了绝大部分。

②网络购物成为年轻人最流行的购物方式之一。

③中国的信誉制度逐渐健全，人们开始对网上商店建立起信心。

④至今为止，还没有一个专门针对在校大学生的电商平台。

（2）风险。

①外部风险。潜在竞争者的加入；回报期较长，不定因素较多；网络安全问题；有关网络销售方面的法律不健全，会造成对未来发展的不确定性。

②内部风险。竞争对手的策略改变，应付策略上的不确定性；系统庞大，开发时间长更新速度较慢。

（3）SWOT分析（见图5）。

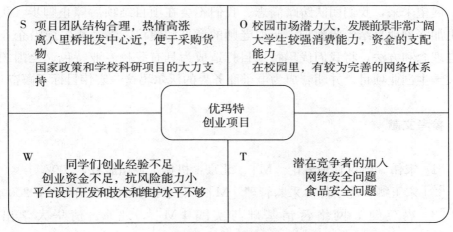

S 项目团队结构合理，热情高涨 离八里桥批发中心近，便于采购货物 国家政策和学校科研项目的大力支持	O 校园市场潜力大，发展前景非常广阔 大学生较强消费能力，资金的支配能力 在校园里，有较为完善的网络体系
优玛特 创业项目	
W 同学们创业经验不足 创业资金不足，抗风险能力小 平台设计开发和技术和维护水平不够	T 潜在竞争者的加入 网络安全问题 食品安全问题

图5　SWOT分析

三、总结与展望

1. 总结

回顾一年的商业实践，过程是辛酸的，教训是深刻的，结果是可喜的。我们经历了诸多的坎坷和挫折，如在七月酷暑前往八里桥市场讨价还价；在寒冬腊月给顾客送货上门；因将商品存储在宿舍，遭到宿舍管理员的警告和批评等。也经历了图片拍摄、美化、网页设计、制作，学习财务管理知识与采购供应知识，物流配送实践等与我们创业项目相关的各方面从无到有，从少到多，从理论走向实践，从标准答案走向独立思考的过程。我们也看到了团队本身的不足，诸如实践和学习的时间安排不合理，市场估计过于乐观，财务风险把控不强，计划过于理想化，环境因素考虑不到位，客户关系处理能力弱，制度建设待完善等问题。我们也深刻地理解理论学习的必要性，查阅图书资料的重要性，更加深刻地体会到我们在知识水平、实践能力、技术能力上的不足，更加清楚合理分工、团队协作能创造出更好的效果和更多的价值。

在整个过程中，我们团队凭借着自己辛勤的劳动和用心的经营，实现了10000余元的利润目标。这一切，都是我们通过创业项目所获得的重要财富。

2. 展望

展望未来，我们团队踌躇满志。我们不会在项目结项后停止脚步，我们将更加深刻地总结经验教训，听取老师的意见和建议，参考相关前沿企业的先进理念和方法，将我们优玛特项目打造成为具有我校专业特色、全国领先的大学生创业项目，并朝着成为电子商务界的沃尔玛这一宏伟目标不懈奋斗！

参考文献

［1］宋伟．项目管理概论［M］．北京：机械工业出版社，2007．

［2］宋玉卿，沈小静．采购管理［M］．北京：中国物资出版社，2009．

［3］冯英健．网络营销基础与实践［M］．北京：清华大学出版社，2004．

感　想

创业的魅力

回顾一年的商业实践，过程是辛酸的，教训是深刻的，结果是可喜的。我们经历了诸多的坎坷和挫折，如在七月酷暑前往八里桥市场讨价还价；在寒冬腊月给顾客送货上门；因将商品存储在宿舍，遭到宿舍管理员的警告和批评等。也经历了图片拍摄、美化，网页设计、制作，学习财务管理知识和采购供应知识、物流配送实践等与我们创业项目相关的各方面从无到有，从少到多，从理论走向实践，从标准答案走向独立思考的过程。我们也看到了团队本身的不足，诸如实践和学习的时间安排不合理，市场估计过于乐观，财务风险把控不强，食品安全问题的把控不严，计划过于理想化，环境因素考虑不到位，客户关系处理能力弱，制度建设待完善等问题。

我们也深刻地理解理论学习的必要性，查阅图书资料的重要性，更加深刻地体会到我们在知识水平、实践能力、技术能力上的不足，更加清楚合理分工、团队协作能创造出更好的效果和更多的价值。这一切，都是我们通过创业项目所获得的重要财富。

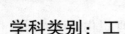

学科类别：工

FIRA5V5 仿真足球机器人策略的改进

学生姓名：孙赫　曾曦

指导教师：唐恒亮　讲师

摘　要：本文研究所用的平台是 Simulation 仿真软件系统，将通过仿真来进行实物的实验作为一种猜想和尝试，在机器人领域具有很强的研究意义。在比赛中，我们通过在平台上移植我们的源代码生成的可执行文件，平台会自动生成相应的机器人，减少了人工操作的不确定性。比赛主要研究各种策略功能的实现，以程序代码为主，不用考虑硬件的问题。在这个虚拟平台中，我们只需关注程序软件能否按计划完成指定任务，按规定的逻辑运行，来检验系统代码的可操作性。本文重点研究了 FIRA5V5（仿真机器人）比赛中我们学院队伍程序的不足与改进的地方。仔细分析了该源的设计思路和理念，同时参考历年参赛队伍的一些程序进行比较，之后找出现阶段可以修改的不足和错误。本文是我们在仔细研究讨论之后对于按程序的不足和错误之处提出的修改手段和策略，同时也使程序的运行更加流畅。

关键词：机器人；足球比赛；进攻代码；修改不足

一、项目背景及意义

足球机器人等比赛项目起源于 1992 年的一次国际人工智能会议上，加拿大的一位科学研究家提出了通过足球机器人来进行机器人领域和人工智能学科的研究，这个提议获得了绝大部分人的支持，于是科学家开始把目光转向虚拟机器人，足球机器人比赛也逐渐开始。

足球机器人是一个非常有意义和挑战性的高难度项目，是多种高新技术融合而成的产物，在科学研究领域方面具有极大的价值，同时在教学方面有重要意义。而我们比赛所用的平台就是一个实例，它既是一个典型的智能机器人系统，将我们的程序转化为机器人的行动，又为研究发展多机器人之间的合作与对抗提供了生动的研究平台，使我们在研究方向上不至于有很大的盲目性，也使我们更好地了解自己的技术。

足球机器人是通过一种体育竞技来体现人工智能的方式，它通过使用机器人代替人进行的一种足球比赛来判定程序的可操作性。它能够公平地在各种软件程序中进行合理的评判，真正意义上达到一种技术上的比拼和交流。它要求的不仅仅是机器人之间的配合和操作，更重要的是实现我们赋予它的一种理念、一种眼光、一种设计思路，包含了我们对于它的理解。这才是我们学到的最重要的东西。

二、项目进度安排

（1）重新认识 FIRA5V5 仿真足球机器人文字资料介绍和下载平台。

（2）研究 FIRA5V5 仿真足球家庭机器人比赛规则，主要有进攻组织规则，防守规则和点、罚球规则。

（3）分析总结目前程序中存在的问题，寻找并设计解决方法。

（4）修改调试程序中的不足和错误，并且实验检查所修改的地方，使程序更加完美。

三、项目研究内容

在 2012 年哈尔滨远东理工学院举办的 Robotcup 中国选拔赛中，我们运用所修改的新程序击败了很多队伍，获得了很大的成果，但是也暴露出很多问题。我们通过和其他队伍进行交流和探讨后更加确立了我们的想法，必须要对于原程序进行更加详细的修改。比赛后，我们便开始策划将要进行的修改方向和内容，确立了如下几个在比赛过程中出现较为严重错误的问题作为我们的优化方向，但由于时间关系，我们无法对整个系统进行圆满的测试，所以还遗留了一些问题，希望后来者可以解决我们的问题。

具体的研究内容如下。

（1）重新规划球场的所有分区，以前的分区不够细化，而且空隙太多，容易造成球员的混乱，重新规划减少了这些问题的发生，我们将球场划分为17 个分区，大致可以分为进攻区、中场传球区、防守区。

（2）解决了原程序中没有点球策略的问题，基于 2013 年的比赛和一些网上资料，我们仔细讨论了点球的方式，因为犯规在比赛中很正常，所以点球的策略尤为重要，我们在认真讨论之后，选定了两种解决方案。第一种需要两个球员一起配合，靠进球的球员轻轻踢球，然后旁边的球员迅速过来射门。第二种是靠进球的球员以很快的速度转动，然后另一个球员射门。两种点球方式我们也在不断完善，第一种的判别方式不太好，比赛时因为球摆放的位置不确定，而我们是根据球的位置进行判别的，所以不太好用。第二种相对来说判别时比较容易一点，而且在挤球时也能用上，但是不太好掌握时间，但我们还是选用第二种，因为比较方便以后的进一步优化。

（3）添加了挤球的策略，这个策略使运球过程更加有力，增加了球员的进攻能力，同时，球在球门区时，挤球也会增加进球的概率，但必须避免犯规，因为进入对方球门区时挤球很容易造成犯规，这样就会使进攻变得毫无意义。

（4）解决了一部分进攻的问题，因为以前的进攻总是会出现两个球员在球旁边不断摇晃，但却不射门或是踢球，我们已经修改了一部分进攻球员的行为，让四个球员在中场和进攻区一起行动，增加进攻的概率。

四、项目特色展示

1. 挤球

挤球（见图 1）是很重要的策略，尤其是在比赛中，挤球会让球员聚集在一起，这正是团结的好处，四个球员的力量永远比一个要大得多，所以挤球就变得很重要，挤球的判断方法和实现方式更加重要。

挤球其实就是对于球和球员状态的判定，这个策略在大部分的高校中已经很普遍了，所以经常发生争球现象，下一步我们希望能解决这个问题，但是挤球的策略是很重要的。

2. 进球前的旋转（见图 2）

因为 2014 年的规则临时发生了变化，所以我们在调试的时候也必须修改

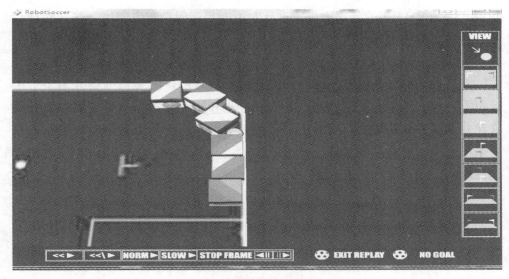

图 1　挤球效果图示

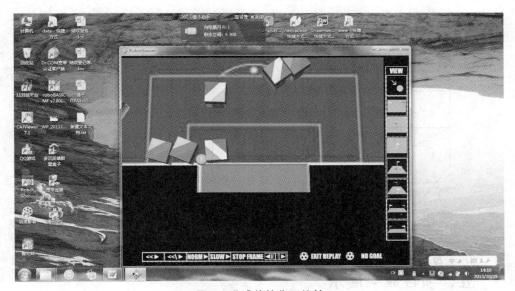

图 2　进球前的华丽旋转

一下策略。原来的策略是挤球，将球挤进球门，但今年的新规则规定进入球门的挤球球员不能超过三个，因为四个球员对于防守员来说太不公平，所以进球的力度就减弱了，但是我们必须找到新办法，所以我们将进球的球门区添加了转球的策略，即球在球门区时旋转，如图 2 所示，而且这样也会避免犯规，因为 2014 年的新规则规定进球时不能与守门员发生碰撞，这样转球会减少碰撞，增加进球的概率。

3. 新区的重新规划

新区的划分是我们经过以前的比赛过后制订的，因为将球场分为多个小区更方便我们策略的编写和修改，而且进攻和防守的策略一目了然，尤其是在比赛前突发性的规则改变时更加方便去修改，由于地方有限，这里我们只罗列出左半球场的具体划分，如图 3 所示，共有八块，这是作为防守区时我们的规划，两边的规划大致是一样的。

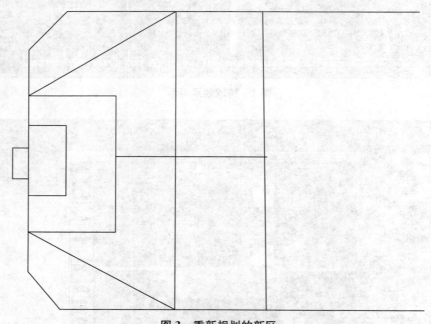

图 3　重新规划的新区

五、项目成果展示

（1）首届北京市大学生机器人大赛仿真 5V5 竞赛项目二等奖。

（2）"2013 中国机器人大赛暨 Robocup 公开赛"三等奖。

（3）第十五届全国大学生机器人大赛仿真 5V5 比赛二等奖。

（4）第十五届"上海太敬杯"机器人比赛二等奖。

六、项目总结

本次项目能够圆满完成，主要依靠老师和同学们的帮助，当然还有我们的努力，最重要的是我们从中学到了很多，因为足球机器人涉及很多方面，我们只能挑选一个或者几个方面进行研究。参与这个项目不仅让我们充实了自己的大学生活，而且也将我们所学到的知识进行了回顾和实践，使我们真正意义上掌握了这种技能。

本论文主要针对的是 FIRA5V5 仿真机器人在进攻方面策略的改进，同时对整体的布局进行了优化，使整个程序运行更加的高效化和合理化，但确实还存在一些问题有待解决，只是由于时间和其他一些方面的因素导致我们未能全部解决，希望我们的后来者能够做到更好，将我们的程序做得更加强大，完成我们未完成的工作，使我们学院在这方面取得更好的成绩。

参考文献

［1］http：//download. reeeaa. org/index. php.

［2］谭浩强 . C＋＋面向对象程序设计［M］. 北京：清华大学出版社，2006.

［3］崔武子，赵重敏，李青 . C 程序设计教程［M］. 2 版 . 北京：清华大学出版社，2007.

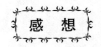

感　想

收获与心得

从大一下半学期开始，我们随着陈松松等人开始做机器人相关的比赛活动，作为一个项目来说，2013 年我们从三月开始做具体的事情，前面时间是对于项目的整体了解和资料收集，在此过程中我们重新了解了平台和规则，并且对以前的程序大致有了了解，最重要的是我们在这段时间内找到了 2014 年做这个项目的突破点，于是三月开始我们便着手修改程序。程序的编写是很枯燥的，我们有时在电脑前一待就是一天，因为有的问题确实不好解决，所以做项目一定要耐得住寂寞，要学会坚持，遇到困难一定不能说放弃，要努力去解决它，当然也要学会合理利用资源，毕竟我们单独做的话实在是有困难，所以我们要学会去找老师寻求帮助，有时自己感觉特别难的问题对老师来说其实很简单，如果是技术类的项目，参考书至少要有三四本，而且至少必须要弄懂其中一本，这样才能真正了解项目的意义和用途等。最后一个项目不可能仅仅依靠一个人，要学会团队合作，这样才能更好地做好项目。

学科类别：工

基于纳米金生长的木聚糖酶活性
检验方法研究

学生姓名：陈茜妍　何柯立　李恬静　罗林林
指导教师：沈丽　副教授

摘　要： 木聚糖酶是指可将木聚糖降解成低聚木糖和木糖的一类水解酶。此项目将纳米金的生长与紫外可见光谱技术相结合，通过纳米金比色法的快速检测研究，建立一种全新的木聚糖酶活性的检测方法，作为现有的木聚糖酶活性检测方法的补充，为酶的活性检测提供更多的选择。

关键词： 木聚糖酶；木聚糖；木糖；纳米金；紫外可见分光光度计

一、选题背景

1. 研究的目的与意义

酶制剂生产、应用和研究等各个环节都离不开酶活性的测定，在发酵过程中通过测定酶的活性以达到最大产酶量；在提炼过程中通过测定酶活性掌握酶的去向以达到最好的收率；在酶的应用过程中通过测定酶活性以掌握好用酶量。因此，在酶制剂的生产、应用和研究过程中准确测定酶活性是十分重要的，开发简便、精确、快速的酶活性测定研究方法具有重要的意义。

2. 国内外研究现状及发展趋势

从二十世纪六七十年代开始研究木聚糖酶以来，人们发现木聚糖酶具有重要的应用价值，于是对它进行了大量的开发研究。现在国际上对木聚糖酶的研究主要集中在对木聚糖酶的诱导、提纯和鉴定等方面。我国对木聚糖酶的研究起步较晚，主要停留在木聚糖酶的理化性质方面的研究。

目前，木聚糖酶活性的研究方法主要有以下几种。

（1）DNS 方法：DNS 是测定木聚糖酶酶活性最常用的显色剂。DNS 方法的原理是让木聚糖酶将木聚糖降解成寡糖和单糖，在沸水浴条件下与 3，5－二硝基水杨酸试剂发生显色反应，反应液的颜色的深度与反应液中的木聚糖酶的活力成正比，通过分光比色测定计算木聚糖酶的活力。

（2）砷钼酸盐法：原理是还原性糖与 Cu^{+2} 反应生成氧化亚铜，在浓硫酸存在下，氧化亚铜将砷钼酸盐还原成蓝色化合物，在规定波长下测定还原糖含量从而计算出酶活性。此方法中砷钼酸盐配制时要使用毒物砷酸二氢钠且操作复杂，耗时长，因此很少被采用。

（3）黏度法：原理是木聚糖酶作用于具有黏性的木聚糖溶液，使溶液黏度下降，利用高分子溶液在毛细管中的伯肃叶方程，通过黏度计测定流速改变来计算酶活力。此法测酶活性灵敏度较高，但不同批号的底物黏度有很大差异使得其重现性差，测定过程比较烦琐。

（4）色原底物法：该法测木聚糖酶酶活性可分为两种，一是对底物木聚糖进行化学修饰，使其带有特定的可溶性生色基团物质，该生色基团能够产生特定颜色；二是通过生色基团结合酶作用于底物木聚糖分子的中间产物来确定酶的活性。此法的费用昂贵，多用于基因克隆研究工作。

（5）高效液相色谱法：该法测酶活性时将木聚糖酶与木聚糖在特定的条件下充分反应后，在一定的色谱条件下从反应体系中提取一定体积溶液进行色谱分析。此方法的优点是精确度高，但是操作复杂，费时费力。

从以上检测方法可以看出，目前测定木聚糖酶活性的方法很多，但是都有局限性，DNS 法虽然有很好的显色稳定性，也有很好的可操作性，但是对于快速检验来说，其溶液的配制、操作过程复杂，对实验人员的专业性要求高，因此木聚糖酶活性的研究应该向更精确，更易于操作，更省时的方向发展。

二、创新点

此项目首次提出基于纳米金比色法检测木聚糖酶活性的试验方法，这种方法简便，易于操作，快速且成本低廉，对实验设备的要求比较低，而且变色明显，易于观察。该方法的建立对木聚糖酶活力的测定构建了新的思路，也使检验更快捷。

三、方案论证

本项目结合纳米金技术在快速检测领域中的突出地位，选定木聚糖酶与木聚糖的反应产物木糖作为研究对象，建立基于纳米金比色法的快速检测研究。因木糖具有还原性，氯金酸可以直接被还原成纳米金，从而使溶液的颜色由浅黄色变成紫红色，再通过紫外分光光度进行定量分析。

四、研究方法

纳米金比色法检测的原理简单，针对不同被检样品，不同实验条件的选择就显得更为重要。首先，对实验条件进行优化，确定木糖与氯金酸反应的最佳温度、最佳时间、最佳浓度。利用优化好的条件进行木糖标准曲线的测定。然后进行样品试验，根据已经测定好的木糖的标准曲线，推算出木聚糖酶的活性。

1. 条件实验

将氯金酸加入含有木糖的缓冲溶液中，氯金酸与木糖能够发生氧化还原反应生成纳米金。因为纳米金的生长受到多个实验参数的影响，比如溶液的pH 值、反应温度、反应时间等。所以需对实验参数进行优化，我们固定木糖的浓度为 1mg/mL，对实验参数进行优化。

（1）氢氧化钠浓度对反应的影响。根据文献报道，糖类化合物在碱性溶液中能够与氯金酸反应生成纳米金。因此，溶液的酸碱度对木糖与氯金酸的反应有很大影响。根据实验发现碱性环境有利于木糖与氯金酸的反应。当采用磷酸缓冲溶液控制溶液 pH 值为弱碱性时，木糖能够与氯金酸反应生成纳米金，溶液呈现蓝紫色。但是在这一条件下木聚糖溶液表现为絮状溶液，木聚糖与木聚糖酶反应以后生成的产物与氯金酸反应生成的纳米金附着在絮状物上并最终形成蓝紫色沉淀，因此无法检测木聚糖酶的活性。我们选用氢氧化钠调节溶液的碱性。

向含有木糖、氯金酸、CTAC 的混合溶液中分别加入不同量的氢氧化钠，使溶液中 NaOH 的浓度依次为 2.5mol/L、2.75mol/L、3mol/L、3.5mol/L、4mol/L、4.5mol/L。在温度为 70℃的水浴锅中加热 10min，紫外分光光度计测量波长为 400～800 范围内的吸光度值。

由图 1 可知：吸光度值随着氢氧化钠溶液浓度的增加而逐渐增加，当氢氧化钠浓度达到一定值时吸光度的增长逐渐变缓，因此，选择最适合的、吸光度趋于平缓时的氢氧化钠添加量，即加入 1600μL 来调节溶液的碱性。

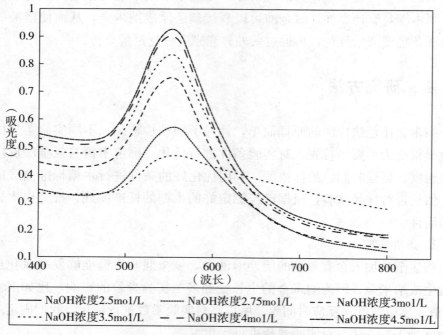

图 1　不同 NaOH 浓度与木糖反应吸光度值

（2）温度对反应的影响。现取 6 支试管分别加入 463μL 乙酸－乙酸钠缓冲溶液，1600μL 氢氧化钠溶液，200μL 木糖溶液，摇晃均匀加入 100μL 氯金酸，摇晃均匀加入 37μLCTAC，将 6 支试管在温度分别为 60℃、70℃、80℃、90℃的水浴锅中加热 10min。用紫外分光光度计测量波长为 400～800 范围内的吸光度值。

由图 2 可知：反应温度升高，测得的吸光度值高。但当反应温度过高时则会增加反应的难度。同时反应温度过高易导致纳米金粒迅速聚集影响结果的稳定性。后期经过重复实验测得当加热温度为 70℃时测得的结果最为稳定。

（3）时间对反应的影响。经优化我们确定氢氧化钠的添加量为 1600μL，反应温度定为 70℃。现取 6 支试管分别加入 463μL 乙酸乙酸钠缓冲溶液，

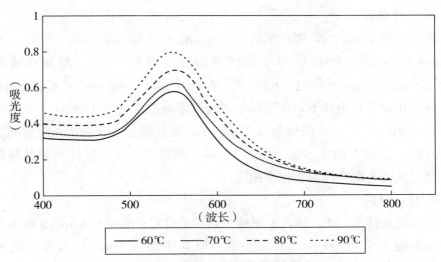

图2 不同加热温度测得吸光度值

1600μL 氢氧化钠溶液，200μL 木糖溶液，摇晃均匀加入 100μL 氯金酸，摇晃均匀加入 37μL CTAC。在 70℃的水浴锅中加热 4min、6min、8min、10min、12min、14min，用紫外分光光度计测量波长为 400～800 范围内的吸光度值。

由图 3 知：随着反应时间的增加，吸光度值不断增大，在时间超过 12min 以后吸光度值变化不明显。同时当反应时间无限延长时我们得到的现象是试管底部出现黑色沉淀溶液透明，所以选择 12min 为反应的最优时间。

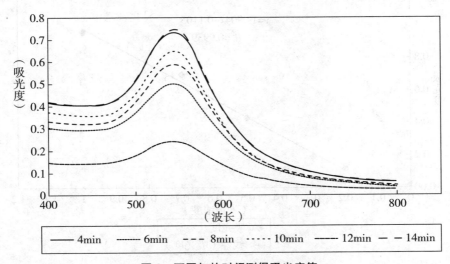

图3 不同加热时间测得吸光度值

2. 工作曲线

配制标准木糖溶液，吸取配好的 1mg/mL 的木糖溶液 2mL、3mL、5mL、7mL、10mL，分别用 pH＝5.5 的缓冲溶液定容至 10mL，配制成浓度为 0.2mg/mL、0.3mg/mL、0.5mg/mL、0.7mg/mL、1mg/mL 的木糖标准液。

在优化的实验条件下，使溶液中氯金酸溶液浓度为 0.1mol/L，氢氧化钠浓度为 4mol/L，CTAC 浓度为 0.37mol/L，充分混合，分别加入配好的木糖标准溶液，在 70℃的水浴锅中加热 12min，用紫外分光光度计测量其吸收光谱。测定其吸光度并绘制成标准曲线。

3. 样品试验

木聚糖酶液 300μL，加入木聚糖 300μL，37℃水浴保温 30min，使木聚糖酶与木聚糖充分反应；30min 结束后，向其中加入 6mol/L 氢氧化钠溶液 1600μL，然后加入 100μL 氯金酸溶液和 37μL CTAC 溶液混合摇匀（保证溶液的总体积为 2400μL）；70℃水浴加热 12min；反应完成后用紫外可见分光光度计测量波长在 400～800 内的吸光度值。

4. DNS 法测量木聚糖酶的活性

DNS 法测木糖的标准曲线（见图 4）：分别吸取木糖标准溶液 200μL，分别加入 200μL pH＝5.5 的乙酸－乙酸钠缓冲溶液和 500μL 的 DNS 试剂，电

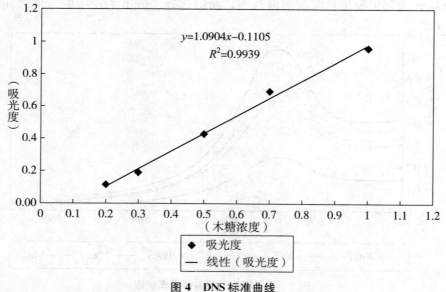

图 4　DNS 标准曲线

磁振荡3～5s，沸水浴加热5min，自来水冷却到室温，用水定容到2500μL，用紫外可见分光光度计测量其光谱。

DNS法测木聚糖酶活性。

（1）标准空白样：pH＝5.5的缓冲溶液400μL，加入DNS试剂500μL，沸水浴加热5min，自来水冷却至室温，用水定容到2500μL。

（2）吸取木聚糖酶溶液200μL，各加入500μL DNS试剂，电磁振荡3～5s，然后加入200μL木聚糖溶液，37℃保温30min，沸水浴加热5min，自来水冷却至室温，加水定容至2500μL。以标准空白样作空白对照（见表1），测定其紫外光谱。

表1　　　　　　　　　　　　对比结果

	Ae	Ab
酶液	0.5606	0.086

（3）吸取木聚糖酶溶液200μL，各加入200μL木聚糖溶液，电磁振荡3～5s，37℃保温30min，各加入500μL DNS试剂，振荡，以终止酶反应。沸水浴加热5min，自来水冷却至室温，加水定容到2500μL以标准空白样作空白对照（见表2），测定其紫外光谱。

表2　　　　　　　　　　　　对比结果

	Ae	Ab
酶液	0.5689	0.0902

5. 数据处理

用于酶解反应的稀释酶液中木聚糖酶的活力计算公式：

$$XD = [(AE - AB) \cdot K + Co] \cdot 1000 / (M \cdot t)$$

式中：XD——稀释酶液中木聚糖酶的活力（U/mL）；

AE——酶反应液的吸光度；

AB——酶空白样的吸光度；

Co——标准曲线的截距；

M——木糖的摩尔质量，M（$C_5H_{10}O_5$）＝150.2g/mol；

t——酶反应时间（min）；

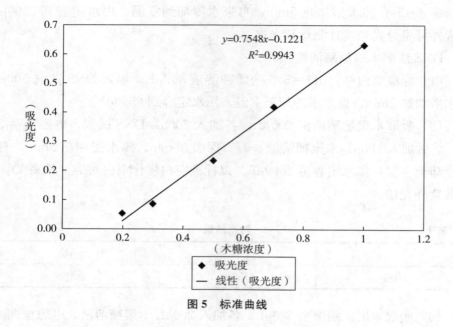

图 5　标准曲线

1000——转化因子，1mmol＝1000μmol。

$$X= XD \cdot Df$$

式中：X——试样中木聚糖酶的活力 [U/g（或 U/mL）]；

　　　Df——试样中稀释倍数。

根据以上实验数据，分别计算出用氯金酸方法算得的试样中木聚糖酶的活力，以及用 DNS 方法算得的试样中木聚糖酶的活力（见表 3）。

表 3　　　　　　　　　　　　计算结果

方法	XD	X
氯金酸	0.09638	2409.508
DNS	0.10316	2579.105

由实验结果可以看出：用纳米金法测定木聚糖酶活力的吸光度与用 DNS 方法测定木聚糖酶的吸光度值非常接近，而用纳米金法算出的试样中木聚糖酶的活力相较于用 DNS 法算出来的试样中木聚糖酶的活力几乎相差无几，而相差的原因可能是实验操作产生的误差造成的，由此可以看出，利用纳米金法测定木聚糖酶活力的方法有很好的可行性，且实验的过程更为简便，耗时少。

五、研究结果

本项目首先针对木糖与氯金酸溶液的反应进行优化实验。

（1）氢氧化钠浓度实验：将加入氯金酸。木糖、CTAC 和不同量的氢氧化钠溶液在 70℃ 的水浴锅中加热 10min，反应完成后，用紫外分光光度计测量波长 400～800 范围内的吸光度值，得出反应最适宜氢氧化钠溶液浓度为 4mol/L。

（2）温度实验：将加入氯金酸溶液、CTAC 试剂溶液、木糖溶液、5mol/L 氢氧化钠溶液的试剂在温度分别为 60℃、70℃、80℃、90℃ 的水浴锅中加热 10min，反应完成后，用紫外分光光度计测量波长 400～800 范围内的吸光度值，确定反应的最佳温度为 70℃。

（3）时间实验：氯金酸溶液、CTAC、木糖溶液、5mol/L 氢氧化钠，在 70℃ 的水浴锅中分别加热 4min、6min、8min、10min、12min、14min，用紫外分光光度计测量波长为 400～800 范围内的吸光度值。得到最佳反应时间为 12min。通过对以上条件的分析，确定木糖与氯金酸反应的最佳时间为 12min，最佳温度为 70℃，最佳氢氧化钠溶液浓度为 4mol/L。

本项目建立了基于纳米金检测技术的木聚糖酶的检验研究方法，在优化的实验条件下，加入不同浓度的木糖溶液，测量其紫外吸收光谱，绘制木糖的标准工作曲线，找出线性关系。

本项目还以实际的木聚糖酶液作为样品，做了相关的样品实验，让木聚糖酶与木聚糖反应后加入氯金酸、CTAC、氢氧化钠溶液，在最优实验条件下反应，测定其紫外吸收光谱，并将结果与标准的检验方法——DNS 检验法做比较，比较结果发现，得到相近的实验数据结果，纳米金法较 DNS 法更为简便、快捷，也有很好的稳定性，减少了配制溶液过程中的复杂过程，为快速检验提供了一种更为可行的简便方法。

参考文献

［1］石军，陈安国．木聚糖酶的应用研究进展［J］．中国饲料，2002（4）．

［2］王红媛，陈晓旸，杨翔华．低聚木糖的功能特性及木聚糖酶的生物制备［J］．食品研究与开发，2003，24（1）：32 - 35．

感　想

从 2012 年 10 月我们很有幸加入了"木聚糖酶活性的快速检验研究"的科研小组，直到 2013 年的 11 月项目终期检查，在这一年期间通过不断进行实验，改进实验方案中我们小组取得了较好的成果，在实验中我们小组的每一位成员各方面能力都得到了提升。

首先，在思维创新方面我们都积极发表意见，集思广益，多方面的考虑实验的不足之处，即使是任何一个小的细节都有可能导致实验的失败，所以我们积极思考改进方法，任何一个小细节都不放过，使每个人都提高了创新思维能力。

其次，有了改进的想法是不够的，我们还要付诸行动。所以从项目立项后我们基本上每周都会在实验室验证我们的想法，将我们的想法进行实验，验证其合理性。每个人都参与其中，使每个人的动手能力都有所提升。

最后，我们还经常查找各方面的资料，比对各方面的因素，论证我们的快速检验的方便实用性。通过资料的查找和整理学习，对将来我们毕业论文的撰写有很大的帮助。完成一个项目并不仅仅是按部就班，而是要运用每个人的创新能力和动手能力才能做得更好。

学科类别：工

北京市仓储布局调研

学生姓名：康志豪
指导教师：郑进科　讲师

　　摘　要：最近十年间，全球范围内的商品生产和流通模式发生了巨大的变化，北京市也不例外，许多从前的农贸市场如今已经升级成了新兴的物流园区。为了使我们这些"物流人"对北京市仓库分布情况有更加深刻的认识，我们对北京市仓库的布局情况进行了调查与研究。

　　关键词：仓储；布局；物流

一、研究背景

　　随着物流行业逐渐向供应链管理的方向发展，企业更加重视仓储。仓储作为供应链中的一个资源提供者，是不可或缺的重要环节。时至今日，仓储是物流与供应链中的库存控制中心、调度中心、增值服务中心以及现代物流设备与技术的主要应用中心。现代仓储不仅仅是传统意义上的存放与保管货物物品的库房了，它逐步转化为配送中心，是现代物流系统的重要组成部分。

　　目前，北京市的仓储设施经过十几年的发展，布局状况已经逐步由内向外迁移，且集中度不断提高，承担的功能也越来越多。北京市作为物流重点地区，仓储情况牵涉甚广，而仓储布局情况又是仓储的一个重要方面。综上所述，针对北京市仓储布局情况进行调研更显得十分必要。

二、研究意义

　　北京是我国政治、文化、贸易中心，也是货物存储与物流中转的重要城市。北京市的仓储布局状况，不仅影响到本市的物流网络，也对周边省市以及整个国家地区有着不可忽略的深远影响，甚至在对外贸易中扮演着重要角色。本文以北京市仓储为例，调研其布局现状，为北京市未来仓储布局的完善与进步奠定基础，也为北京市今后的仓储管理模式的进步与发展提供依据。

三、研究方法与过程

1. 网上筛选

借助谷歌（Google）、百度、搜狗等地图类软件，搜索北京市各个区县周边各类仓储设施，并确定每个仓库的具体位置、仓库名称、仓库面积等信息。

2. 统计绘表

将先前在网络上确定的仓库信息汇集到 Excel 电子表格当中，建立一个初具规模的北京市仓库分布数据统计表。

3. 数据可视化

依托整合之后的仓库数据和地图软件的镶嵌，将北京市周边的各个仓库以"点"的方式汇集到电子地图当中，不同大小的"点"代表不同面积的仓库。通过数据的可视化来更加直观地了解北京市仓库的大体分布情况，如图 1 所示。

图 1 北京市仓库的大体分布情况示意

4. 实地落实

通过实地考察的方式对不能确定的仓储设施进行实地研究，最终落实其建设年限、土地租金、仓储类型等细节问题。

四、项目特色与创新点

通过在各大信息期刊网站上的查阅，我们发现目前还没有针对仓储布局情况的调查研究，更多的是对仓储调度管理方面的理论研究。在实际应用中，理论研究只是起到支撑作用，必须做到理论联系实际，利用实际情况作为内容填充才有意义。目前调查仓储布局状况的文献几乎没有，因此我们针对北京市仓储布局状况的调查更有实际意义，同时也是此次研究项目的创新点。到目前为止，没发现与此类似的调研出现。

五、项目成果

通过收集北京市周边仓库的具体信息和对数据的统计分析，建立一个初具规模的北京市仓库分布的小型数据库，实现北京市仓库分布图与数据的完美结合。

北京市仓储设施的空间布局趋势是逐步由内向外迁移，三大区域已经形成且集中度不断提高。仓库结构逐步优化，技术含量不断提高。设施逐年更新，结构类型不断优化。

目前，北京市仓库布局已经在西南、东南、东北三个方向形成了相对集中区域。西南方向自丰台五里店沿五环至西红门，再沿京开高速至大兴，形成了块状分布。东南方向在马驹桥形成了一个非常密集的仓库集中区域，自十八里店向东到朝阳区黑庄户，再到双桥形成了一个比较密集的带状分布。在空港区域则以首都机场为依托，在机场北侧到西侧形成了集中的仓库分布。2012年北京市仓库分布如图2所示。

如果以长安街和中轴线为参照，将北京市分为东北、东南、西南、西北四个方向，分布仓库座数和面积及比例如表1所示。

（1）以首都机场为中心的空港区域。该地区是北京市规划的四大物流基地之一，区域物流主要依托首都机场。机场西侧的天竺工业园区、北侧的北京空港物流基地，仓库分布都比较集中。尤其在北侧的空港物流基地，集中了奥运物流中心、TNT快递、顺丰快递、宝供物流、国航货运等知名的大企业。该地区仓库分布如图3所示。

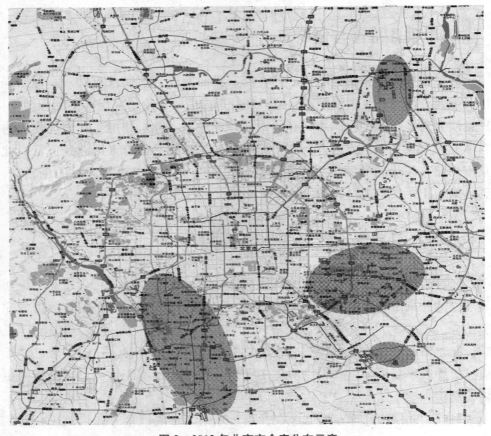

图 2 2012 年北京市仓库分布示意

表 1　　　　　　　　　　　北京市仓库区域方位分布

方位	仓库座数	面积（万平方米）
东北	680	286
东南	719	332
西南	969	349
西北	243	57

（2）通州马驹桥—十八里店—黑庄户乡—双桥沿线区域。自 2000 年开始建设，仓库密度高，设施条件良好，入住企业包括苏宁物流、招商局物流、普洛斯等大型企业，但最近几年仓库在逐渐外迁中。黑庄户为近年来自发的物流聚集地，已经有大量企业入驻，如京东、国美的配送中心。该区域仓库分布如图 4 所示。

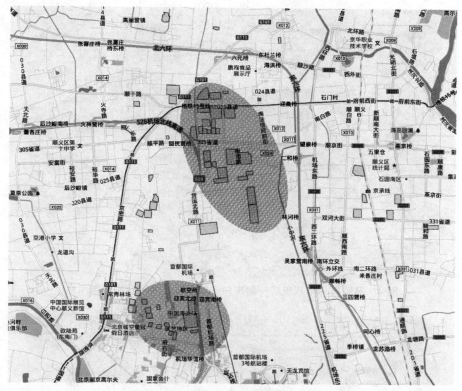

图3 空港区域仓库分布示意

（3）大兴京南—丰台新发地—五里店区域。大兴城南区域是北京市传统的仓库基地，拥有完善的铁路货运站和大型仓储设施，最近几年发展良好，被列入北京四大物流基地——京南物流基地。该地区有包括百利威、普洛斯等在内的大型仓库；新发地区域依托新发地农产品交易中心、汉龙货运等企业形成的聚集效应，吸引一大批物流企业在此集中；丰台五里店地区也是北京市传统的仓储基地，是北京陆运口岸所在地，主要有北京外运等企业在此入驻。另外，沿芦求路新建设了一批仓库，形成了比较明显的带状分布。大兴京南—丰台新发地—五里店区域仓库分布如图5所示。

六、项目总结

经过长达一年的努力，我们终于完成了此次调研的目标，实现了对北京市仓储设施布局的整体掌握。通过这次的调查研究，我们不仅在调研过程中

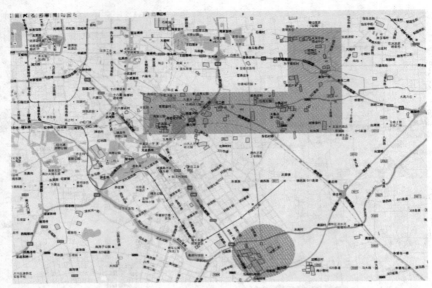

图 4 马驹桥—十八里店—黑庄户—双桥沿线区域仓库分布示意

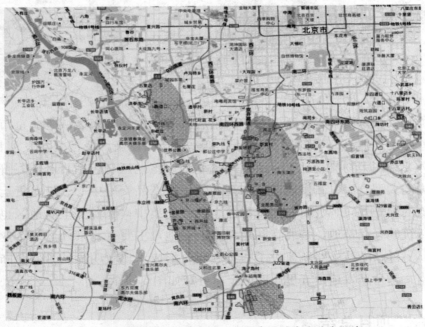

图 5 大兴京南—丰台新发地—五里店区域仓库分布示意

受益匪浅，了解了调研的方法措施，合理安排人员分配，合理布置调研步骤，训练严谨科学的研究态度。同时，我们的调研结果也发挥了其应有的作用，为以后针对北京市仓储统筹管理方面的研究奠定了基础，也为其他省市、地区的仓储布局状况的调查提供参考。

参考文献

北京市商务委员会．北京物流发展蓝皮书［M］．北京：中国财富出版社，2013.

感　想

经过长达一年的坚持，我们终于完成了此次调研的任务，实现了对北京市仓储布局情况的整体掌握。通过这次调查研究，我们不仅在调研过程中受益匪浅，了解了调研的方法措施，合理安排人员分配、合理布置调研步骤，训练严谨科学的研究态度。同时，我们也体会到了身为科研工作者的艰辛与不易。在这次调研过程中我们感受最多的就是"书到用时方恨少"，这使我们更加珍惜平时的上课时间，努力在课堂上扩充自己的知识面。我们会牢记调研这一年的点点滴滴，让它成为我们在知识实践过程当中的一笔宝贵财富。

学科类别：跨学科

从垃圾处理厂分布与运行探究环境正义

学生姓名：赵陈怡

指导老师：李淑文　副教授

摘　要：本项目组以实地走访勘测、问卷调查、电话采访、查阅资料等形式，对通州区居民、朝阳区循环经济产业园区及知名专家学者，针对本实践项目，进行较全面深入调研。在综合其现状、对环境影响及国家有关规定等情况后，总结出当下发展主要问题并据此给出建议。

关键词：环境正义；垃圾处理厂分布与运行情况；问题；对策

一、引言

近年来，在环境治理中北京市作出了卓有成效的努力，但对于整体环境的改善，环境的内部结构问题日益突出。郊区居民承受着发展所带来的污染后果而较少地参与分享发展成果，这有悖于环境正义、社会公正的社会发展理论原则。

在认真学习"思想道德修养与法律基础"课程后，我们从环境正义的视角出发，借助在课堂中认识理解的人与自然的关系以及建立的"社会法制、公平正义"观念，充分利用有利资源，以高安屯无害化处理中心（北京市朝阳循环经济产业园，下同）为切入点，对这一问题展开探究。

二、前期准备

（一）调查地区的选择

北京市现有在运行的垃圾处理厂四座，它们分布于朝阳、海淀、大兴、昌平。出于本项目组实际能力及案例典型性的考虑，充分利用我校地缘优势，选择位于朝阳的高安屯垃圾处理厂为例进行调研。

高安屯垃圾处理厂位于金盏乡南部，现占地面积 244 万平方米。作为北京市首批循环经济试点单位，它是北京市目前唯一初具规模的生活垃圾综合利用循环经济产业园区。园区内建有卫生填埋场、垃圾焚烧发电厂、餐厨废弃物资源化处理中心等。

1. 高安屯卫生填埋场

北京东部地区的大型生活垃圾卫生填埋场，是北京市第一家实现膜下作业的填埋场。

2. 高安屯垃圾焚烧发电厂

北京市第一座现代化大型生活垃圾焚烧项目，是亚洲单线处理规模最大的焚烧线。年处理生活垃圾 53.3 万吨，余热发电可达 2.2 亿度。

3. 高安屯餐厨废弃物资源化处理中心

目前国内规模最大的餐厨废弃物资源化处理厂，占地 1040 亩，年处理 13.2 万吨餐厨废弃物，负责处理朝阳区大部分生活垃圾。

（二）调查问卷的设计

针对民众对垃圾处理厂分布情况、运行方式的了解，补偿机制的看法等问题进行分类，共设计 15 道选择题，为了了解民众对于现有的规定以及补偿措施等是否满意，我们特别设计了现实情况和民众预期的对比选择题。共发放调查问卷 201 份，回收 200 份。

三、调查问卷结果数据分析

为使调查结果更科学，我们在天赐良缘、万象新天地、八里桥、北京物资学院这四个预设点各发放 50 份问卷，其中男性 25 份，女性 25 份。共计 200 份。

（一）被访者对环保的关注情况

结合问卷第一题、第三题，所得数据表明，对于环境保护，受自身工作生活状况的影响，不同的人关注度有所差异，但绝大多数都表示关注。其中老年人和青年人普遍十分关心。

（二）被访者对通州区附近是否存在垃圾处理厂认知情况

结合问卷第四题，所得数据表明，有大约 42％ 的被访者竟不知晓通州区已然存在长达十多年的如此大规模的垃圾处理厂。让我们担忧的是，他们对可能存在的环境危害是否知情，他们的环境正义权是否因此被侵害。我们基于郭琰（2008）关于"环境正义"是指"人类不分国籍、种族、文化、性别、经济状况或社会地位，都同等地享有安全、健康以及可持续性环境的权利，而且任何人都无权破坏或妨碍这种环境权利"的理论展开的实践研究因而显得尤为必要。

（三）被访者对于垃圾处理厂存在对自身日常生活工作影响情况

结合问卷第五题，得到如图 1 所示的结果。

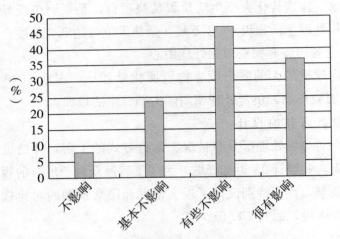

图 1　垃圾处理厂分布现状对日常生活的影响

在知晓垃圾处理厂存在的 116 名被访者中，绝大多数人认为垃圾处理厂的存在对自己日常生活和工作产生了一定影响。认为没有产生影响的 8 位被访者中有 6 位来自距离垃圾处理厂直线距离远超 1.5km 的八里桥。认为很有影响的 37 位被访者均为距离垃圾处理厂不足 1km 的附近居民。

（四）被访者对北京市规定垃圾处理厂与居民和工作区的最近距离认知情况

结合问卷第六题。北京市市政市容委在 2011 年 12 月发布了《建筑垃圾资源化处置设施建设导则》（以下简称《导则》）试行本，《导则》明确规定垃坂处理厂距民宅至少 500m。然而我们发现，民众对于明确规定的垃圾处理厂到他们居民区的最近距离并不了解。这既可能使他们合法权益不知情地被侵害，也可能使他们出现"盲目维权"现象。

（五）被访者认为的垃圾处理厂到居民区的最近距离情况

结合问卷第七题，得到如图 2 所示的结果。

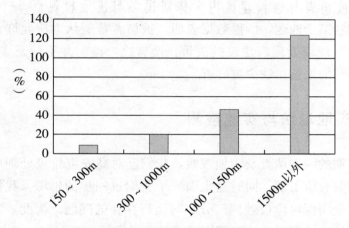

图 2　被访者认为的最近距离

被访者通过切身感受，对垃圾处理厂到居民区最近距离，作出了不同的判断。他们普遍认为即使在距离垃圾处理厂 1000m 的地方仍能经常闻到臭味，夏天更能直观地看到有黑烟。我们坚定地认为相关法规的制定需考虑这些民众的感受，仅从所谓科学的角度制定的规范有待商榷！

（六）被访者因垃圾处理厂存在，生活、工作受到的影响

结合问卷第十题，所得数据表明，垃圾处理厂的存在使附近居民的生活质量有很明显的降低。在调查中我们了解到，一位王姓女士每次回到距离高安屯垃圾处理厂不足 1000m 的母亲家中短住，喉咙都会出现不同程度的不适。

（七）被访者接受相关补偿的情况

结合问卷第十一题，所得数据表明，在如此不良影响下，无一民众获得过相应的补偿，且近 53％的民众并不清楚是否有权获得补偿。

（八）被访者认为应获得的补偿情况

结合问卷第十二题，部分被访者从政府角度出发选择相对较低的补偿金额，其中一位王姓男士表示，补偿金其意义不在于多少，而在于政府相关部门以此表达对他们的关怀。也有较大一部分民众选择较高的补偿金额，其中一位王姓大爷表示，生命无价，虽然较高的补偿金额会增加垃圾处理厂的运行成本，但这在某种程度上使决策更慎重，可筛选掉一部分唯利是图的运行者。

（九）被访者对该预建区内全体居民参与决策权观点

结合问卷第十四题，所得数据表明，被访者普遍认为应允许预建区内的全体居民参与垃圾处理厂建设的决策。换言之，他们并不缺乏参与的热情，而是缺少参与的渠道，缺少被聆听。

四、实地走访与实地检测

通过前期的问卷调查及实地观察，我们已对高安屯垃圾处理厂建址与运行的主要问题有所了解，同时这也引发了我们进一步的思考。我们决定以更多的角度来全面探讨垃圾处理厂分布与运行存在的问题。为此，我们实地走访了高安屯垃圾处理厂，并对其周围空气质量进行检测。

（一）高安屯垃圾处理厂

园区内整洁且设施现代化。其隔壁就是永顺镇新建村，区界内 1000m 距离内有邓家窑村、北马庄村等，并有万象新天、天赐良园等居住小区，长住居民达数十万人。垃圾焚烧厂外最近的两个村里，空气污浊、地面尘土飞扬。接受我们实地调查的附近居民多面容灰暗。

（二）实地空气质量勘测

我们从 2013 年 7 月 8 日到 7 月 15 日、9 月 7 日到 9 月 14 日，每天下午两点连续进行空气质量勘测。统计得出表 1 所示结果。

表 1 　　　　　　　　　　污染统计结果

距离（m）	重度污染（天）	中度污染（天）	菌团浓度（天）				
			高	较高	中	较低	低
0	14	0	0	0	1	1	12
500	14	0	0	0	1	1	12
1000	14	0	0	0	11	2	1

距离（m）	重度污染（天）	中度污染（天）	菌团浓度（天）				
			高	较高	中	较低	低
1500	13	1	0	0	11	3	0
2000	6	8	0	0	0	2	12
2500	5	9	0	0	0	1	13
3000	13	1	0	0	12	2	0
3500	13	1	0	0	0	3	11
4000	12	2	0	0	1	2	11
4500	13	1	0	0	11	3	0
5000	7	7	0	0	13	1	0

注：以园区为起点。

数据表明，即使在距离园区 1500m 的范围内，空气质量仍为重度污染。菌团浓度虽在距离园区 500m 的范围内较低，但是在距其 1000～1500m 为中等水平。换而言之，垃圾处理厂较好地控制了在它很近距离内的菌团浓度为低度，但却忽视了周围居民区的菌团浓度。通过两个阶段的数据统计，一定程度上可证明我们所发现的问题绝非能用"偶然"加以解释。

五、目前存在的问题及解决建议

尽管社会经济与科技不断发展，垃圾处理厂的建设也努力向好的方面发展，但在调查中我们发现了很多问题。随后在广泛涉猎相关文字资料和走访相关人士之后，我们针对问题总结得出建议。

（一）针对垃圾处理厂建设的制度

虽然目前相关部门已出台有关垃圾处理厂建设的规定文件，例如我国《生活垃圾填埋污染控制标准》规定，生活垃圾填埋场不得建在居民密集居住区、洪泛区、淤泥区；北京市市政市容委发布了《建筑垃圾资源化处置设施建设导则（试行本）》等，但针对垃圾处理厂具体建设，如选址、运行方式，规定含糊或条例间相互不一致。此外，对于规定内容本身的科学合理性也存疑。以高安屯垃圾处理厂为例，在距之 1000m 的地方仍能闻到垃圾处理带来的恶臭。

因而我们建议更科学细致地对相关制度进行完善，对每个垃圾处理厂的建立及日常运行，组织专家队伍进行评定监督，灵活应对，而非简单地照搬条目。

（二）针对垃圾处理厂建设与运行的监督、投诉机制存在巨大缺漏

监管难题是当前存在的另一大问题。达尔文自然求知社垃圾学院陈立雯（2012）在接受《投资者报》记者采访时表示，"目前国内的垃圾焚烧厂，包括北京在内，管理和监督相当糟糕。"

针对相关有害物质的测量存在难度。徐海云（2012）曾表示，"以二噁英检测为例，二噁英无法实时监测，且中国目前还做不到随机抽检，检测数据缺乏科学性和说服力。"另外，二噁英排放中国环保部目前采用的标准与欧盟不统一。垃圾处理厂往往与政府有"密切合作"，这也导致环保部门很难有所作为。此外，当下民众多以联名上书、借助媒体引起舆论关注等非法定程序来反映垃圾处理厂建设存在的问题。

因而我们建议借助当下廉政建设之风，使有关部门权责分明，坚决打击"有法不依""执法不严""违法难究"的现象。健全投诉机制、环境纠纷协商调解和仲裁制度、环境公益诉讼制度、环境损害赔偿社会化制度，使环境信息更公开化，保障民众环境参与权。民众是最直接的感受者，也是监督最主动的参与者，在制度制定修改时能得到充分的考虑。

（三）针对垃圾处理厂附近居民的补偿机制缺乏

现有的规定文件中并无明确统一的针对垃圾处理厂附近居民补偿条例，导致居民多以漫长低效的谈判协商方式来获得补偿的现状。谈判双方力量对比悬殊，在这种情况下获得的谈判结果是否公平正义存在质疑。正如阳相翼（2008）先生在《城郊居民环境权益的法律保障》中指出的"城市工业污染的转移严重侵犯了农民环境权益。不得不使人联想到工业化过程中，发达国家对发展中国家与地区的污染转嫁和'环境殖民。'"长此以往，必使矛盾激化，阻碍社会稳健发展。

因而明确合理地规定可获补偿的对象及内容，如具体金额或为附近居民提供一年一次的全身体检及哪些可获得额外补偿。建立权利补偿机制与环境公益诉讼制度，以法律的完善保障民众的环境权，捍卫环境正义，确保民众环境权的实现和救济。

（四）科研投入

垃圾产出难以减少的现状下，应加大科研投入，以更先进的技术手段提高物品的利用率，同时以更高效的方式处理垃圾，从而更有力地解决当下的问题。我们认为未来人口不断增加，土地资源日益紧张，垃圾处理厂与居民区的距离缩近是必然，日本足立垃圾处理厂通过技术做到了，这就是例子。

六、创新点

1. 研究内容体系创新

在认真学习"思想道德修养与法律基础"课程后，提出社会公平论与环境正义论在介入现实环境问题对城郊居民的忽视，既有理论创新又具有实践意义。

2. 研究方法创新

我们研究采取实地研究的方式，通过实测数据，将研究内容量化，更直接地切入现实，不拘泥于既有的理论。

3. 研究观点创新

本项目将以垃圾处理厂为出发点的城郊环境问题的产生、发展过程视作各方利益诉求过程，在动态中寻求解决之道，保持研究本身的张力。尽力展现城郊居民在环境问题中的真实处境，对现实社会有更真切的认知，使我们自身在实践中获得快速成长，同时也希望能为北京市政策制定提供依据。

七、总结

本项目组以高安屯垃圾处理厂为例，经过长期努力，对垃圾处理厂分布与运行现状展开较全面深入的调研，我们从调查问卷的数据分析、实地走访、空气质量实地检测及调研行程的亲身经历与课堂所得中，总结归纳了高安屯垃圾处理厂分布与运行存在的主要问题，包括针对垃圾处理厂建设与运行制度、针对垃圾处理厂的监管、投诉及补偿机制等。经信息整合分析、环境正义相关方面书籍查阅并将结果对比发现当下建设与发展的不足之处，针对性地提出建议，并向指导老师等征询建议的合理性、可行性，获得了他们的认可。

只有环境政策在制定和实施的过程中，重视垃圾处理厂附近居民的主体地位，重视居民在城郊环境问题的成因及解决特殊博弈中的作用，重视居民参与环境政策制定和监督政策实施，重视环境权益的公平享受和环境义务的合理承担问题，环境正义才能保障，社会才能继续良性有序地发展！我们坚信今天所担忧的环境正义缺失，所质疑的机制缺漏，所发现的问题，必将得到妥善解决，这也是我们实践的终极意义所在。

参考文献

［1］郭琰．环境正义与中国环境问题［J］．学术论坛，2008（7）．
［2］陈学敏．环境知情权［D］．武汉：武汉大学，2004．
［3］张斌，陈学谦．环境正义研究述评［J］．伦理学研究，2008（4）．
［4］阳相翼．城郊居民环境权益的法律保障［J］．长白学刊，2008（1）．
［5］周纪昌．中国北京城郊环境侵权问题研究［M］．北京：经济科学出版社，2007．

感　想

当所有结项材料都已准备完毕，等待着最后审核，我们彼此沉默，内心却思绪万千，对于何谓"初生牛犊不怕虎"终于有了更深切的认识。

刚刚开始全新旅途的我们，兴奋喜悦盖过了恐惧迷茫。因而才会如此冲动地参与这项实践。

实践内容的确定来自于某次课后与老师的闲谈。垃圾处理厂？好啊！多贴近生活，还有地缘优势，就这个吧！在和指导老师李淑文老师的多次交流后，确定"从垃圾处理厂分布与运行探究环境正义"为我们的实践项目名称。听着就这么专业大气的名字，让我们充满了干劲！

然而，接下来的进程中，每一阶段都让我们倍感无力，不时地想要放弃，又不断地说服彼此，继续前行。从最初的没审核仔细，一下子就打印了两百多份存在错误的问卷，到发放问卷时，因出现无效问卷而问卷准备不够；从面对像躲瘟疫似的躲开我们的受访者，到面对受访者对我们实践现实意义的质疑；从挣扎辨别带有浓重乡音的普通话，到对受访单位官方婉拒与无礼驱赶的行动无力……一切经历教会了我们什么叫严谨，什么是思虑周全，什么是机智灵活与创新突破……

边实践，边学习，边成长，我们终于收集到了 200 份有效问卷，实地进行了检测，较全面深入探究了实践内容。此刻的我们多么感谢当时的坚持。
我们真的做到了！

学科类别：理

基于条码技术的仓储管理系统

学生姓名：陈其政　王昌明

指导教师：阎芳　讲师

摘　要：没有什么比信息化社会大背景下的自动化管理更能提高生产力和效益，而利用计算机实现自动化管理更是时代需求，是企业提高效率的必要工具。例如超市规模日益壮大，相应的各种信息量也随之增多，以往超市仓库的操作方式和运营机构已逐渐不能适应如此多的信息量带来的压力，利用计算机的方便、快捷、安全、大数据以及普及性和各种现代化的技术设计实现的超市仓库管理系统正是弥补了以往的不足之处，再加上手机与二维码的结合，便于携带，让管理者实时掌握仓库的各种情况以及及时有效地作出相应的对策措施。

仓库管理在企业的整个供应链中是不可缺少的一环，任何交易都涉及物品的流动，进而对物品的管理操作就应运而生。随着企业的发展，客户的增多，仓库的入库、出库、统计操作等越来越频繁，存货的种类也在增多，对大数据处理的要求越来越高，讲究更加高效快捷。但很多企业仓库管理还是停留在手工作业的基础上，仓库的出、入库数据仅靠仓库管理人员手工记录，不仅操作烦琐而且更加容易出错，部分企业已经使用一般的仓库管理软件，但对仓库的出、入库数据也只能是逐个录入数据，并没有达到快捷高效，不但费时费力，延误出、入库时间，而且容易出错。一般的仓库管理软件没有库位管理，仓库管理人员在出库时没有系统的指导，凭个人记忆能力做事，往往发生无法及时找到物品的现象，延误出库时间，影响工作效率。

"仓储管理系统"是一个基于 WEB 的管理系统，系统的开发利用了MVC 模式，前台页面利用 JSP 技术实现，后台管理通过 JavaBean、Servle 管理，并充分借用了 MyEclipse 开发工具的强大功能，数据库管理运用了

MySQL 数据库，用 Tomcat 作为服务器。系统主要功能包括用户登录注册、货物入库出库等。

　　关键词：仓库管理；二维码；JSP；Tomcat；MySQL；MyEclipse

一、研究背景

　　随着科学技术的不断发展，我们的社会已经进入了一个信息化的社会，大数据的时代，人们每天都要接收大量的信息和处理大量的数据，仅靠传统的纸和笔已不能适应这个时代的要求，人们必须采取新的手段，于是信息技术进入我们的生活，对数据的处理能力要求更高，计算机不再是简单的计算工具，它已成为我们生活中处理大量信息的不可或缺的手段，人们对其处理大数据的能力有更高的期待。在当今产业竞争越来越激烈的信息时代，企业经营除了降低成本，提高品质外，更需要以先进的管理理念来整合企业内部与外部资源，提高企业效率，实现利润最大化。仓库管理系统正是在这个背景下产生的。

　　本开发系统正是针对仓库部门的货物信息管理，通过对仓库基本信息、出入库信息等的系统界面设计，将会给管理者和使用者带来极大的方便，具有手工管理无法比拟的优点，例如检索速度快、查找方便、可靠性高、存储量大、使用时间长、随时随地查看库存情况等。用计算机管理取代传统的手工操作，不仅减少了管理人员的工作量，提高了工作效率，而且为获取详细的管理信息提供了保证，方便各类人员的查询和信息保证，同时增强了管理工作的时效和人员主动性。

　　仓库管理主要包括两方面：一是仓库的基本信息，涉及库房信息、人员信息、供货商信息、客户信息；二是仓库业务管理，包括在库管理、入库管理、出库管理、报表管理。在本系统中侧重实现仓库的基本信息管理。

　　仓库管理系统最大的应用意义在于利用二维码对物品进行管理，把物品的基本信息存入二维码中，对物品进行各种操作只需要利用手机端的软件扫描就行，对系统的管理就方便了很多，减少了输入录入失误。如入库，只需要扫描二维码，输入对应的数量就可以对物品进行入库。

二、研究方法

在项目的进行过程中，项目小组主要使用了观察法、个案研究法以及实验法。下面介绍主要研究方法在项目中的运用。

（1）观察法：在项目初期，了解在实际操作中对物品的出入库流程，掌握其中的必要操作。

（2）个案研究法：针对某一类型的仓库进行分析，提炼出适合所有仓库管理的基本流程。

（3）实验法：开发系统，进行试验性探索分析，逐步完善系统。

三、研究结果（以入库为例）

在规定时间内，我们成功设计了仓库管理系统，并且运行成功。

1. 创建二维码

二维码图如图 1 所示。

编码：**123456** 物品名称：**可乐**

图 1 某个物品的二维码信息

2. 扫描二维码并入库

安卓系统移动端界面如图 2 所示。

图 2　安卓系统移动端界面

入库分为以下几个步骤。

（1）点打开移动端扫描界面，如图 3 所示；对可乐物品二维码图片进行扫描，如图 4 所示。

图 3　扫描界面　　　　　　　图 4　扫描二维码

（2）扫描结果，输入入库数量 100，如图 5 所示。

（3）点击"完成"按钮入库成功，可乐数量发生改变，图 6 是电脑端的显示结果。

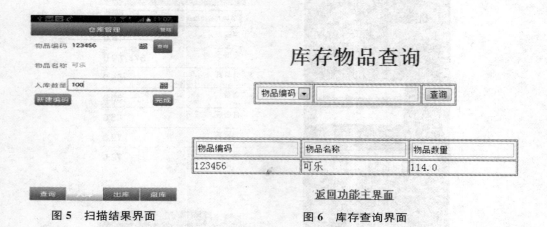

图 5　扫描结果界面　　　　　　　　　　　图 6　库存查询界面

（4）以下是电脑端的入库界面（见图 7）、出库界面（见图 8）、盘库界面（见图 9）。

物品入库信息

注：如果是库存没有的物资，请手动输入物品名称

物品编码：	123456	查询
物品名称：	可乐	
入库时间：	2013-12-29 11:23:31	更新时间
请录入物品数量：	100	
提交	取消	

返回功能主界面

图 7　入库界面

物品出库信息

注：出库量必须不大于库存量

物品编码：	123456	查询
物品名称：	可乐	
库存量：	114.0	
出库时间：	2013-12-29 11:24:11	更新时间
请录入物品数量：	100	
提交	取消	

返回功能主界面

图 8　出库界面

物品库存盘点

物品编码：	123456	查询
物品名称：	可乐	
盘库时间：	2013-12-29 11:24:43	更新时间
理论库存量：	114.0	
实际库存量：	113	
提交	取消	

返回功能主界面

图 9　盘库界面

四、创新点

1. 自己创建物品的二维码信息

二维码以其信息容量大，纠错能力强，保密性能好等优点，在生产实践中得到越来越多的应用。因为本项目的特点是通过对二维码的扫描然后对物品管理系统进行各种操作管理，所以需要读取二维码中的信息，因此需要对二维码里面的信息进行编辑，从而创建属于我们自己的二维码。利用网站上的生成二维码软件，将需要存储的物品信息事先编辑好，利用软件生成所需二维码，然后打印二维码，将它粘贴在物品上，以便对物品进行管理。

2. 编写扫描二维码的软件

生成所需二维码后，需要编写软件对二维码进行读取。这是本项目的创新之处，使用手机扫描二维码。手机除了扫描二维码之外，还具有与电脑端同样的功能，方便以后对仓库的移动管理，实时了解库存信息。

3. 用二维码实现仓库的日常管理

扫描二维码的软件编写完成后，就可以对二维码进行扫描了，从而可以对管理系统进行各种操作。入库时，只需打开手机上的二维码扫描软件，扫描二维码，提取物品信息，输入同类物品的入库数量，点击软件上的"入库"按钮，就可以实现物品入库了。

感　想

在做项目期间，组内成员互相帮助，齐心合力克服难题。在大学的必修课中，我们学习过 Java 语言、Jsp 网站开发、自学了 Android 开发及 MySQL 数据库，但是本项目的研究，令我们更深一步了解 Android 开发工具、MySQL 数据库及两者之间的联系。

除此之外，我们接触了 Eclipase、Meclipase 等开发工具软件，学会了自己搭建 Tomcat 服务器，并且受益颇多。

在项目进行时，每当克服一个难题，组员们都十分兴奋，有的甚至将截图传至人人网上。对于别人来说，也许那只是一幅图片、一组代码，但对于我们来说，那是努力之后的硕果。我们也深刻体会到乌云过后的彩虹是如此的耀眼夺目。在结项期间，我们才意识到，原来已经克服了那么多困难，原来已经写了那么多代码，原来已经学到了那么多知识。

项目最初的目的是能够简化仓库管理的工作，如今并没有完全实现当初的设想，但是如果真的能够如当初所想，对简化仓库管理工作有所帮助，我想应当是我们最大的成功。

学科类别：跨学科

十渡镇旅游业"7·21"暴雨灾后发展研究

学生姓名：丁润楠　米阳　常青　王灏达　张宇亮

指导教师：许春燕　教授

摘　要：2012 年 7 月 21 日房山区发生了 60 年一遇的特大暴雨灾害，其中十渡镇受灾严重，暴雨造成全镇经济损失 5.79 亿元。除灾害中的直接损失外，灾后游客量锐减也给村民收入带来巨大影响。其原因在于经济收入的结构单一，且十渡镇的旅游业没有管理部门，旅游资源被浪费。

关键词：十渡镇；旅游业；"7·21"暴雨；经济收入

一、选题背景

（一）"7·21"暴雨十渡受灾严重

在此次 2012 年 7 月 21 日的暴雨灾害中，十渡镇全镇共 8200 人受灾，全镇经济损失 5.79 亿元。严重的水灾造成毁坏耕地，冲塌房屋，粮食和果品减产等问题。对于十渡镇灾害严重的原因，中国地质环境监测院副院长田廷山表示：这是一次比较罕见的气候引起的山洪泥石流，这么大的灾害以前北京从来没遇到过，所以人们比较缺乏应对和防御的经验。除以上已知数据外，对于具体的旅游业灾后影响问题还没有相关资料，我们希望本次研究可以调查相关问题。

（二）灾后旅游业发展

十渡镇的灾后重建工作并不应完全是简单的恢复，更多地应该是改进。来自北京郊区县旅游主管部门的统计，超过 50％ 的北京市民在小长假期间愿意选择乡村出游。如果十渡镇能将这次自然灾害变成旅游产业升级转型的契机，将会更加完善景区的科学规划。旅游业项目的单一，应该通过发展生态休闲农业来增加旅游产品附加值。耿红莉是这样建议的：一要坚持生态工程和险户搬迁政策的实施；二是鼓励土地流转，统筹配置灾后用地；三要破解休闲农业资金缺口难题；四是建立休闲农业灾害基金和灾害保险制度。

改造十渡景区的旅游业，还需要将这一产业向多元化方向发展，结合土地分布的不同进行建设，在此过程中刘蕾建议：根据土地利用方式、土地属性以及经济社会因素，合理配置景观要素来达到景观结构与功能的最优化。除了以上专家的改建建议外，还没有对于收入结构单一问题进行研究，希望我们的研究可以调查相关问题。

二、研究方法

（一）查阅资料

通过网络、文献、报纸、新闻等媒介，查找并了解十渡镇在"7·21"暴雨中的受灾情况，政府采取的相应重建措施，十渡镇的近年收入情况，其他旅游景区的管理规划方法等。从中了解十渡景区的历史发展和整体收入结构状况以及较科学的景区管理方法等。

（二）网上调查

考虑到网络调查人群的全面性和街头随机调查的不全面性，我们设计了在点击量较大和民众熟识度较高的两个社交网站——人人网和新浪微博上发起关于"十渡景区旅游问题"的游客调查。限定投票日期从 5 月 1 日到 8 月 31 日，人数不限，每人限投两个选项，不可重复投票。

（三）实地考察

实地考察共分为四次，调查地点主要涉及十渡镇的一渡至十渡。

考察时间：2013 年 4 月 19 日—2013 年 4 月 20 日；2013 年 7 月 15 日—2013 年 7 月 16 日；

2013 年 7 月 21 日—2013 年 7 月 22 日；2013 年 8 月 6 日—2013 年 8 月 7 日。

（四）个别访谈

（1）街头路人采访与高校学生访谈：以小组组员个人为单位，进行随机的街头采访。从游客的角度出发，了解分析十渡景区存在的问题，更有针对性地为十渡未来的旅游业发展提出建议。

（2）农家院、酒店电话访谈：通过对十渡的旅馆和农家院进行电话访谈，调查十渡景区旅游业的情况，了解十渡的受灾情况等，为调查问卷的设计提供资料。

（3）十渡镇村民访谈：根据村民职业的不同，选取有代表性的人进行个别访谈。调查其经营旅游业的情况，实际受灾情况和收入来源构成以及对十渡未来发展的真实想法等。

（五）问卷调查

（1）前期调查：在初步实地调查时，根据网上调查的初步情况，制订了关于农家院和小商户的调查问卷，希望从中更具体地了解十渡景区商户的受灾情况及灾后重建情况等。

（2）后期调查：根据前期调查的结果和现有资料，设计了关于受访者信息、受灾情况、重建情况、经济收入情况和政府扶持五个方面问题的调查问卷，在后期实地考察的过程中进行发放，总共发放问卷 210 份。

三、研究结果

（一）查阅资料

1. 旅游资源

十渡镇有丰富的旅游资源，包含自然景观、文物古迹和农业资源等。

2. 收入构成

通过十渡镇政府网站，查找到 2012 年十渡镇农民人均收支情况图。通过分析该图发现，十渡镇农民主要收入来自第二、第三产业，所占比重 90％以上，存在收入结构比较单一的问题，收入稳定性不佳。十渡镇在"7·21"暴雨中的受灾情况严重，全镇经济损失 5.79 亿元，灾后还出现了游客量减少现象，造成了严重的经济损失。村民收入多元化、稳定化问题有待解决，旅游产业也需完善。

（二）网上调查

网上调查结果显示游客对于去十渡景区旅游很有兴趣，暴雨灾害影响了十渡的旅游业，但除了暴雨的客观影响以外，十渡景区自身也存在交通不便利、景点单一等问题。暴雨导致的客流减少并不比景点自身问题导致的客源流失要多，所以十渡景区更需要完善自身的旅游产业。

（三）实地考察

实地考察结果如表 1 所示。

表 1　　　　　　　　　　　　实地考察结果

考察地点	考察结果
十渡镇	①十渡重建仍存在问题，很多主干桥梁仍在修建过程中，村民房屋也没有完成修复 ②河水基本被抽走，原有的水上娱乐项目被迫停止 ③当地村民主要收入来源为旅游业，灾后客流量减少使得收入减少，生活面临困难
六至八渡	①六至十渡属于十渡镇的旅游景区范围，而一至五渡则没有景点 ②旅游项目已逐步恢复，游客量有所回升 ③景点间距离较远，公共交通不便
八至十渡	十渡镇重建工作已基本完成，道路正常使用
一至五渡	①一至五渡村民多以外出打工、种地、经营果园为生，部分村民经营农家院或饭店等 ②暴雨对农户家的收入造成了影响，庄稼成活少 ③村民都希望政府能给予相关重建经费的补贴

（四）个别访谈

个别访谈结果如表 2 所示。

表 2　　　　　　　　　　　　个别访谈结果

访谈对象	访谈地点	访谈结果
高校学生	北京物资学院	该同学对十渡景区印象很好，认为暴雨会影响他是否去十渡旅游，且旅游交通不方便，旅游项目单一
农家院	电话访谈	4 月到 11 月是十渡景区的旅游旺季，灾后游客量减少，商户们收入也都大幅减少；政府落实到每家每户的灾后重建帮助并不是很多，家里房屋有待修缮
农家院	六渡村	该村民灾后损失约合人民币 10 万元，认为补贴发放不足。十渡镇旅游业本身存在缺乏管理的现象，整个景区没有形成完整体系，流失大量游客
普通村民	三渡村	三渡村不是景点，很少经营旅游业相关的项目，受访者年岁较大，在家负责农耕，子女在外打工，打工收入比较稳定，但是农田收入仍受天气影响较大

（五）问卷调查

1. 前期调查

初步调查共发放问卷 40 份，实际收回 40 份，其中包括小商户 30 家，农家院 10 家。所有商户都在一定程度上受到了损失，其中小商户的损失较大，农家院损失较小。暴雨后商户们的停业时间大多是从 2012 年 7 月停业至 2013 年 4 月。

2. 后期调查

调查问卷总共发放 210 份，实际回收有效问卷 205 份，调查对象为十渡镇村民，调查涉及村庄 15 个：一至十渡村、平峪村、北石门村、西石门村、西庄村、西关上村等。

（1）对于十渡镇总体来说，经营旅游项目的村民占 70% 左右。所经营项目涉及水上、陆上娱乐设施，农家院和餐馆等。

（2）在造成灾害方面，村民受到了不同方面的不同程度损失，其中公共交通损坏较严重。不论旅游业还是非旅游业都有一定的经济损失，其中旅游业经济损失更为严重，而造成损失的原因超过 62% 的人认为主要集中于游客下降。暴雨影响情况如图 1、图 2 所示。

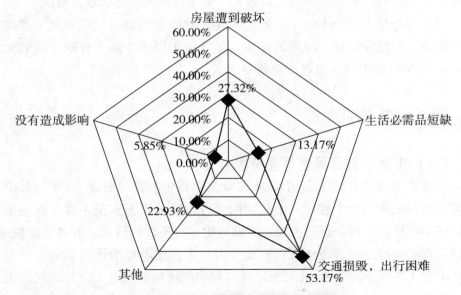

图 1　暴雨对十渡居民造成影响调查情况

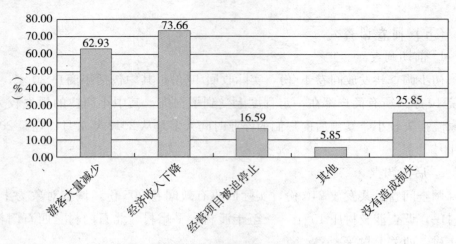

图2 暴雨对十渡旅游业造成影响情况

（3）35％以上村民表示在灾后没有受到帮扶，而其余村民则受到了修缮房屋、发放生活物资、予以适当积极补偿的帮扶。但总体看来村民还存在不满情绪，问卷调查数据显示53.17％的人认为应该将重建款项透明发放，38.05％的人认为应当给予适当金钱补助，32.2％的人认为应该加大旅游业宣传力度，31.22％的人认为应当免费发放生活物资，另外还有14.15％的人认为需要帮农户自行重建。政府应对以上问题予以重视并尽快进行解决。

（4）调查结果显示十渡镇村民收入存在较严重的单一问题，且主要集中于旅游业。村民深知这一问题的存在，尽管由于知识和能力有限等问题无法完善，但50％以上的人愿意改善这一状态。

四、分析论证

（一）十渡镇村落间旅游业情况有差异

十渡镇全镇共有村庄21个，此次研究调查中共涉及村庄15个，其中主要调查的村庄为一至十渡村。十渡镇的景区主要分布于六至十渡，而一至五渡村民多以耕种农田，经营果园、鱼塘为生，有条件的村民会开办农家院等。通过问卷调查可以很直观地看到暴雨灾后对十渡旅游业的严重影响，损失金额从不到1万元至超过10几万元不等，其中经济损失超过1万元的村民占总体比例超过56％，且六至十渡村民经济损失更为严重。暴雨造成的经济损失如图3、图4所示。

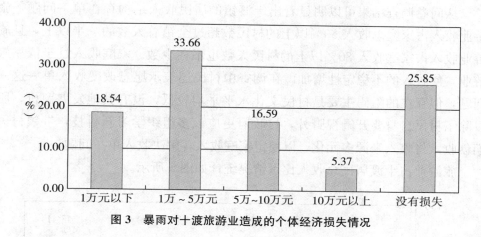

图3　暴雨对十渡旅游业造成的个体经济损失情况

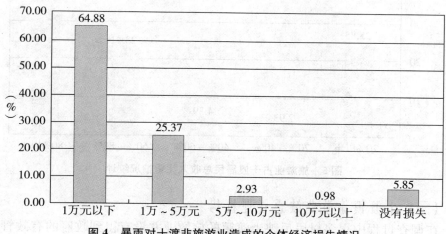

图4　暴雨对十渡非旅游业造成的个体经济损失情况

　　不经营旅游业的村民在暴雨灾害后也受到了不同程度的经济损失，损失金额大小差异较大，总体水平较旅游业损失来看还是较少的。一至五渡村民多外出工，收入相对稳定。庄家种植、果园经营以及养蜂、养鱼类产业还是会受到较大的天气因素影响。总体来看十渡镇虽并非全镇经营旅游业，但旅游业收入所占比重大，且旅游业和农业都容易受到自然灾害的影响。景点分布不均现象也造成了居民收入差距较大问题。十渡镇旅游产业缺乏管理。

（二）十渡镇农户经济收入较单一

从问卷调查结果可以明显看出十渡镇的居民收入结构存在单一问题，旅游业收入占家庭总收入 50％以上的村民数超过全镇总人数的一半以上，且旅游业收入占家庭收入 80％以上的村民人数也不在少数。家庭收入过于依靠旅游业，使收入的不稳定性增加。在调查中村民还表示愿意改变收入单一这一问题，但存在的阻碍主要是村民文化水平平均较低，没有其他发展商机。所以除了村民自身要开阔视野外，村政府更应该多组织学习新科技，带领村民们创收，将收入来源多元化，以稳定家庭收入，解决收入单一问题。

旅游业占十渡居民总收入比重情况统计如图 5 所示。

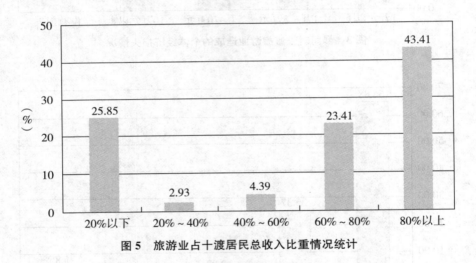

图 5　旅游业占十渡居民总收入比重情况统计

（三）十渡镇旅游业缺乏管理机构

在调查过程中很多村民反映十渡镇的旅游业并没有得到政府的有效管理，商贩大多无照经营，经营者也得不到有效的经营保障。访谈过程中有一个经营农家院的商户去年在六渡村建了一处农家院，施工过半却被城管部门判为违章建筑要求拆除，而该农户手中的村政府批准意见完全没有作用。直至现在都无人管理这件事情，所建过半的房屋和施工材料都还堆砌在路上。所以从这一农户的案例中我们可以更清楚地发现，十渡镇的旅游业严重缺乏管理，才会出现房屋建造不合格，食品安全不合格，旅游项目价格差异大等诸多问题。

除了旅游业的管理需要加强外，合理的规划也很重要。一至五渡村虽然没有旅游景点，但却有果园、农田和房屋，将六至十渡的景区与一至五渡的资源相结合，形成"一条龙"式的休闲农业项目，增加旅游卖点，从而吸引更多的游客。所以加强对旅游业的管理和规划，形成有效管理部门也势在必行。不仅规范了经营，更给予了商户保障，增强了发展信心，解决收入不稳定等一系列问题，从而带动村镇整体经济收入的提升。

五、结论与建议

（1）"7·21"暴雨对十渡镇村民生活及旅游业都造成了严重损害，希望镇政府根据民情进行相关帮扶。

（2）十渡镇居民基本依附旅游业，镇政府应给出政策鼓励村民拓展商机，增加收入来源，稳定收入。

（3）十渡镇没有旅游业管理组织，希望尽快完善管理，科学提升旅游区与非旅游区的经济发展。

六、创新点

（1）充分运用网络资源，结合社交网站进行网上投票调查，得到了更加真实的数据结果。

（2）挖掘灾害损失严重背后的具体经济原因，发现当地经济收入结构单一问题。

（3）多次亲身走访，了解了十渡景区分布特点，进而提出了整体规划，建设休闲农业项目的建议。

参考文献

［1］马云川．生命的脆弱——记北京房山区"7·21"特大水灾［J］．地球，2012（8）．

［2］把灾后重建变成旅游升级的契机［J］．旅游纵览，2012（8）．

［3］耿红莉．房山区休闲农业"7·21"洪灾的启示及对策研究［J］．北京农业职业学院学报，2012，26（6）．

［4］刘蕾．土地利用规划中空间布局优化的影响因素分析——以北京市房山区为例［J］．安徽农业科学，2012，39（34）．

感　想

不一样的视野铸就不一样的人生

　　其实对于我们个人来说做研究、写论文并不陌生，因为从小学起就有参加一些科技辅导班，但是独立完成研究的经历还是第一次。而这个"第一次"的科研机会却给了我们截然不同的学习体验。大一学习的专业是经济大类，研究课题的要求也自然需要和经济相关，要在这个我们从来没有接触过的全新领域里寻找研究课题，着实让我们苦恼了一番，但在翻阅资料和事实新闻的过程中，我们增长了独立学习、思考的能力，学会了用科学的方式去解决现实生活中发现的问题。除了自身科学素养的有效提高以外，我们还学到了团队合作精神，真正尝试了一次自己组织团队合作研究。

　　通过参与这次"大学生科学研究与创业行动计划项目"，大家收获的不仅仅是一些能力的提升和知识面的扩展，其实更多的是一种创新思维的锻炼。项目研究结束以后我们也会更加留意身边的一些有趣问题，自己查资料去思考，去研究，在学习生活中更加拓展自己的视野，这样自然而然就会收获更多的知识和阅历。

　　我们的这些进步当然与辅导老师是分不开的，感谢老师们一直以来的耐心教导，才让我们在科学创新研究方面有了长足的进步，谢谢老师们！

学科类别：经

关于老北京商业街对北京经济
发展影响的研究

学生姓名：肖冉　罗菁　王鹤　肖永新
指导教师：李义福　副教授

摘　要：北京是一座文化璀璨的名城，悠久的历史促成了北京拥有众多有特色的商业街。老北京商业街的发展对北京经济发展产生着重要影响。本项目组结合文献资料进行实地考察，分析了老北京商业街发展过程中存在的问题，探究问题产生的原因，并以此提出了老北京商业街发展的对策建议。

关键词：老北京商业街；经济发展；存在问题；对策建议

一、引言

商业街是人流聚集的主要场所，是商业与零散店铺的集中场所，是由众多商店、餐饮店和服务店共同组成的，按一定结构比例规律排列的商业繁华街道。

老北京商业街的营业收入也是北京经济的重要组成部分。2012 年，北京经济实现历史性突破，第三产业比重达到 75.7%，地区生产总值超过 1.6 万亿元，地方财政收入达到 3006 亿元，文化软实力、社会管理能力显著提升，其中老北京特色商业街的贡献占到了将近 10% 的比例。随着经济的发展，商业街模式也逐渐成熟，但在其发展的过程中，也涌现出一些不容忽视的问题。

二、前期准备

（一）调查地区的选择

老北京发展较为繁华的商业街主要聚集于东城区、西城区和朝阳区。根据上述特点，我们将调查街区锁定在前门大栅栏、王府井大街、南锣鼓巷、西单。

前门大栅栏已有 580 年的历史。老北京有句顺口溜叫"看玩意上天桥，买东西到大栅栏""头顶马聚元，脚踩内联升，身穿八大祥，腰缠四大恒"说的都是早年间大栅栏的地位和繁华景象。

王府井大街，南起东长安街，北至中国美术馆，全长约 1600m，是北京最有名的商业区。王府井的日用百货、五金电料、服装鞋帽、珠宝钻石、金银首饰等，琳琅满目，商品进销量极大，是号称"日进斗金"的寸土寸金之地。

南锣鼓巷作为元朝时期的轴线，仅有 786m，东侧地区属昭回坊，西侧地区属靖恭坊。明代属昭回靖恭坊。清代乾隆年间属镶黄旗，光绪末年至宣统年间属内左三区。

西单得名于老北京城俗称的西单牌楼，商业街南起宣武门，北至灵境胡同，东临横二条东侧，西达西辅路，覆盖整个西单十字路，核心地段 880m，延伸长度 5400m。

（二）调查问卷的设计

在调查中，为可以全方位地展现出现今老北京商业街的发展情况，本项目组分别在 2013 年 5 月和 8 月进行了两次问卷调查。经过小组讨论和听取指导老师的建议，参考前人的问卷形式和内容，最终形成老北京商业街对北京经济发展的研究调查问卷。

针对目前老北京商业街在游客中的知名度及评价，北京商业街的优势与劣势以及其他地区商业街值得学习的经验这三方面进行分类，共设计了 7 道选择题，2 道简答题。

三、调查问卷结果数据分析

通过对数据结果的分析，我们发现游客在商业街的花销范围 50 元以内的有 11.62%，50 元至 100 元的有 23.26%，100 元至 150 元的有 23.26%，150元以上的有 41.86%。

由于商铺营业额属于各商铺的机密并且不易调查出结果，所以本项目组在每条街上选取了几家愿意合作的商铺，根据这些商铺的营业额大致估算了整条商业街的年营业额。据不完全统计，前门整条主街有 110 余家商铺，有27 家店铺处于关闭状态，占比近 25%。前门大街目前可出租的商业面积中，签约率达 75％以上，2014 年计划达到 85％以上，估计年营业额接近 10 亿元。由于本项目组资金和调查能力有限，未能调查到王府井大街今年的年营业额，所以本项目组根据前几年的数据计算出王府井大街近十年来的年营业额的平均增长率，由此估算出 2012 年王府井大街的年营业额为 34 亿元。根据本项目组从网上查到的资料显示，南锣鼓巷的年营业额达到十亿元以上，西单的年营业额达到 60 亿元。

本项目组根据搜索相关资料以及对调查问卷的分析得到以下数据。零售业：年主营业务收入 500 万元及以上；住宿业：星级饭店及星级饭店以外年主营业务收入 200 万元及以上；餐饮业：年主营业务收入 200 万元及以上。

通过上述数字，我们可以得出，在商业街中占据主导地位的是零售业。为了更好地研究零售行业，我们以南锣鼓巷的一家营业面积 7m²，经营主体以老北京特色纪念品的小店为例，分析其成本压力的来源（见表 1）。

表 1 小店成本分析

地租	员工工资	经营成本	货物滞压成本	其他
102 万元/年	3000 元/人·月	700 元/月	300 元/月	200 元/月

综上，通过简单计算，各项成本总计 1070400 元。而根据南锣鼓巷年平均客流量 80 万人次计算，要想收回成本，大抵每 7.4 个人中，购买一件利润在 10 元的纪念品。这对于一家没有太大名气小店而言，还是有着相当的经营风险。因此有将近 25％的店面是处在一种流动的状态，像文宇奶酪这样做得好的店面相对较少。

四、老北京商业街发展中存在的问题

（一）京味不在，传统仍亟待传承

商业街内的商铺经营者趋于年轻化，因此对于真正老北京内涵的传承也变得越来越浮于表面，甚至完全抛开。最常见的现象是极具中式风格的建筑内出售的却是现代感极强的商品。而最近，越来越多的商家看重收益而轻视文化内涵，大大小小的商业街上总是出现类似"两元店"的垃圾店面。现在已有不少的年轻商铺成为商业街的吸金主力，这是发展的必然趋势，但与此同时，商业街管理上也应控制传统商铺与现代商铺的比例。同时，二级市场高昂的地租，迫使越来越多的薄利的老北京小吃店难以维持，取而代之的则是一些通过各种方式将成本降下来的"非正宗老字号小吃"。以年轻的理念经营具有深层次文化底蕴的老北京商品才是老北京商业街所需要的全新模式。

（二）经营商品定位雷同化，缺乏经营特色

在本项目组调查的街区中还普遍存在商品雷同化的问题。最典型的是王府井商业街，仅仅相隔几步的店铺出售的商品几乎一模一样，例如一些廉价饰品和当地特产。经营商品雷同化只会让游客觉得缺乏新意，失去兴趣，不利于整个商业街商品的销售。

我国目前的商业街发展迅速而且地位日益显著，但对于商业街的特色发展没有一个合理的定位。例如王府井的小吃街与南锣鼓巷、后海和烟袋斜街的小吃街没有明显的差别。

（三）知名度不高，缺乏"共同品牌"的统一推广和宣传

目前知名度高的特色商业街主要有两种情况：一是投资主体明确，由专门的团队管理运营，如红桥、秀水街，通过不同的宣传和促销手段扩大知名度；二是依赖历史的沉淀效应，吃老本，如大栅栏、三里屯等。商业街内企业的聚集经济主要来源于"共同品牌效应"，企业共享"聚集区品牌"，赢得更多的客源。"篮街""阳坊涮肉""红桥珍珠""潘家园古玩"都是比较好的实证。但在我们的调查中却发现，许多被当地人熟知并称赞的老北京商业街却并不为外地游客了解。

（四）商业街环境卫生问题严重，安全隐患不容忽视

在本项目组调查的重点街区中，卫生条件不能令人满意是商业街普遍存在的现象。脏乱差仿佛已经是中国街区无法驱除的软肋，尤其是在以餐饮为主要营业种类的商业街。

此外，人流涌动的老北京商业街的失窃率一直居高不下。遭受失窃损失的主要存在于商家和游客两个方面。

五、老北京商业街发展的对策

（一）唤回"古文化"，坚持对老北京文化"有取舍地保留"的原则

许多商业街主动结合自身形式与历史文脉方面的优势，将"特色""古文

化"等作为商业街复兴的起点，取得了一定的成功。目前国内的商业街建设中，无论是老商业街的完善，还是新商业街的开发，开发过程中旧建筑的改造更新与现代文化的矛盾显得尤为复杂。我国的商业街应该在发展现代文化的同时注意保护古文化，但不要过分建设，反而失去了传统商业街所独有的韵味。

与此同时，各大商业街要形成主动维护老北京传统文化的气候，在此方面也需要北京市政府进行有力的扶持，在传统节日开展各项精彩的传统活动。例如，七夕节在前门大街主街道开展中式婚礼表演；中秋节在簋街进行传统月饼现场制作表演。各种表演在带来客源的同时，也向游客全面展现了传统文化，亲身体验更是给游客一种直观的认识。

（二）在经营定位上，从正面竞争转向错位竞争，突出经营特色

各商业街应根据实际条件，确定高、中、低不同的市场定位，同一条商业街各家商业店铺应实行错位经营和差别化经营，避免商品经营雷同化引起低水平价格竞争，突出各自的经营特色。商业街之间进行错位竞争的同时，同一商业街中的店铺商家也要做到错位竞争，减少经营的同质性，增加利润点。

（三）借鉴国外商业街发展经验，打造安全、卫生兼具的商业街

在对步行商业街区的定义上，我国不少地区简单地将步行商业街区当作全步行商业街区是走入了一个误区。国外一些研究根据交通组织方式的不同，将步行商业街分为三大主要类型：全步行商业街、公共交通步行商业街和半步行商业街。在这方面，南锣鼓巷问题突出，机动车辆与高密集的人群混合在一起，安全隐患大、影响交通秩序。在这个问题上，建议机动车辆绕行南锣鼓巷主干道，这就需要政府和道路监管部门制订出合理的道路规划，争取将人、车分离。在卫生方面，加大环卫支出，多设立垃圾桶，并及时清理；此外，增加环卫岗位，划区域分派任务，商家与清洁工共同负责所在区域的卫生，定期不定期地进行卫生检查，对于不合格的区域进行罚款或公益值日任务。游客层面还是要鼓励游客主动维护环境卫生，但由于游客的流动性过大，实施的难度还是相对很大的。

（四）发展晚间消费市场，构建"老北京式夜生活"

晚间消费是一个城市商业繁荣的标志，不仅可以满足市民购物、娱乐、餐饮的需求，也是一种可观的消费经济业态，发展潜力巨大。

在现在的商业街改造中存在夜休闲经济缺失这一问题，晚上10点多以后，基本上许多商业活动就停止了，前门也不例外。依照南方的成功实践，规划者应高度重视夜经济的市场潜力，大力扶持酒吧等行业发展，同时对区域内购物、文化、旅游、休闲设施进行结构调整和品位提升，从而构建夜生活圈。北京身为中国为数不多的"不夜城"之一，花样繁多的夜生活主要集中于大望路以西，东大桥以南，复兴门以东和前门以北的区域。大力发展晚间市场能够大力拉动北京消费经济增长，而老北京商业街中的翘楚代表也在该片区域以内，作为重要的夜生活元素，老北京商业街有必要变成促进全方位的、专业的、权威的晚间消费的主力。

（五）加强老北京商业街品牌建设，制作"北京名片"

2010年9月12日至9月14日，"第一届北京王府井国际品牌节"举办，向世界展现王府井的繁华、品位和文化魅力。利用王府井这张"世界名片"，北京市东城区搭建起中外品牌交流、国际商贸合作的平台。

我们以闻名遐迩的第五大道为例，第五大道上商业店铺鳞次栉比，经营品类包罗万象，汇集了世界著名的商店和精品百货，主要以专卖店、专业店和世界著名连锁店为主；此外，第五大道上还有众多银行大厦和酒店，还有纽约公共图书馆。第五大道夜幕下闪烁的灯光、缤纷的广告和躁动的人群，使人感受到经典名店的风采、现代科技的辉煌和美国文化的浓烈。绚丽的霓虹将奢华和享受渲染得无处不在。仅仅一条街区就完全诠释了什么是纽约，这种力量正是北京商业街所急需的。在商业街的建设进程中，品牌在整个市场中的地位和作用越来越明显，随之而来的品牌效应也体现出了商业街对于经济发展的推动作用。

六、总结

本项目组的调查进行了9个月的时间，我们从调查问卷的设计、发放和分析到实地调研各个相关机构并且走访商业街内的特色商铺，感受到了广大商家对于一个多方面、全方位、有特色的商业街的期许，探究得到了老北京商业街发展中存在的问题，综合各方意见与专家简介，本项目组认为老北京商业街的发展趋势主要集中在两点。

（1）老北京商业街经营中高度的政府参与。对于一座城市重点街道的建设，政府永远是最有力的推手。进一步加大针对老北京商业街发展的资金投入，深入到商业街发展的内部去，而不仅仅是停留在表面的修缮或是建筑物的维护。

（2）老北京商业街发展的国际化。随着北京这座城市的不断扩张与进化，其吸引到的外来游客和外来资本在大量增长，建设国际化的商业街既是必然也是目标。打造出国际气息浓厚，拥有强大国际影响力和全国商业发展风向标的老北京特色商业街是我们必须完成的任务。

坚持老北京特色道路，促进老北京商业街经济进步与保留老北京传统并不是"鱼和熊掌"的关系，相信在将来的一段时间内，我们可以看到一批越来越完善的老北京特色商业街在世界的舞台上大放异彩。

参考文献

［1］戴志忠，刘彦君，杨宇振，等．国外步行商业街区［J］．2002（4）．

［2］王星老北京商业街要找回"京味"［N］．文汇报，2007－12－17（1）．

［3］赵艳，邵龙．商业步行街控制性景观元素的实证研究［C］//中国建筑学会．中国建筑学会2007年学术年会论文集．北京：中国建筑学会，2007．

［4］赵桂丽．浅议前门商业街的升级战略［J］．长沙理工大学经济研究导刊，2009（11）．

［5］张慧琪，陈立．南锣鼓巷文化休闲商业街发展调研［J］．中国工商管理研究，2009（7）．

感 想

这次的社会实践调查项目是我们第二次进行了，这次的活动让小组成员们有许多的感触。首先，我们感受到了团队合作的魅力。从立题到走访调查再到总结数据，做结题报告，我们都是在组长的分工下合作进行，尤其是在调查阶段。北京的商业街我们定了好几条做调查，如果每条都全组出动，那么既浪费人力又浪费时间。因此一些规模比较大的街，我们就两人一组去调查，规模小一点的就一个人去。仅调查了三次，我们就完成了实地走访。在走访的过程中，我们也遇到了许多困难，比方说遇到北京加强治安管治，不允许发调查问卷，被调查者不配合等。但是我们还是感受到了人们的热情，许多被调查者起初不愿意，但当我们说是大学生做社会实践，都很乐意帮忙，我深深感受到社会对于学生们走进社会的支持。在被调查者中也有不少欧美游客，他们向我们介绍了许多欧美地区的商业街的情况，之后为了作比较我们又在网上查找了更多的资料，深刻感受到我国的商业水平和发达国家的差距，尤其是人性化的便利设施方面的差距，我们的商业街若想有长足的发展、对经济有更大的促进作用，还需要我们做更多的努力，即在保持自身特色的同时不断吸取别人的成功经验。

学科类别：管

北京市非志愿专业外地生源大学生活调查与研究

学生姓名：焦伟强　龚岚芳　杨思　李蕊

指导老师：李玲　讲师

　　摘　要： 本次调查依据大学教育大众化普及的过程中存在的问题，对北京物资学院非志愿专业外地生源大学生活进行研究。研究发现，这部分群体无论在思想、学习还是实践方面，均出现不同程度的问题。对此，文章提出建立社会、高校和个人三位一体的构想，促进该群体健康发展。

　　关键词： 非志愿专业；外地生源；适应性

　　由于目前高校招生及学校管理制度的限制，许多高考考生由于种种原因不得不选择自己兴趣不大甚至违背自己意愿的专业。这部分群体在逆境中成长，在大学生活中面临着心理、综合素质、人际交往、学业态度等各方面的问题，影响其大学生活的质量。但却鲜有关于非志愿专业外地生源大学生的调查研究，虽然在以往的调查研究当中或多或少都有一些涉及，比如大学生心理调适、大学生涯规划等，但并没有对这个群体进行系统的研究。简单来说，以前的相关研究只是看到了这种现象，或者只是涉足其中的某一方面。从系统研究的角度来讲，这一研究不仅涉及非志愿专业外地大学生的心理、学业、人际关系等方面，还涉及大学人才培养、高考制度改革等方方面面，具有较大的社会影响。必须创立一个独立的、系统的研究框架。这是构建和谐社会的需要，也是实现中国梦的必然要求。我们从社会实践、思想状况、学习等方面进行调查，从宏观到微观，从表象到深入，做一个全方位的阐述和理解。

一、非志愿外地生中存在的问题

　　通过对北京物资学院外地在校生（2009～2012级，另，学校当前有 6183

名同学，其中外地生源 2463 名，占全校总数的 39.8%）进行调查问卷和个人访谈，我们发现非志愿专业外地生源大学生大学生活主要存在以下问题：一是遭受人际交往困扰；二是出现就业还是考研的矛盾心理；三是由于主观原因导致相互之间沟通不畅；四是心理亚健康及心态调试不当问题。

（一）遭受人际交往困扰

人际交往是大学生成长成才的重要保证，不但是交流信息、获取知识的重要途径，也是认识自我、完善自我的重要手段，更是一个集体成长和社会发展的需要。现在一些企业负责人明确表示，员工的交际与沟通能力越来越成为企业在市场竞争中获胜的主要动力，因而用人单位在招聘时更看重求职者的情商。

北京物资学院作为北京市市属院校，在招生上偏向于北京当地学生。在全校学生地区构成上，北京生源占到全校总数的 60.2%，远远超过其他省市的总和。外地生源少，再加上来自全国各个省市，每个省市的生源数量平均不到 2.5%。这种环境下极易造成在交往中产生一种防备心理。久而久之，转化为不愿与人交往，出现人际交流障碍。主要体现在这部分同学参加的活动当中，在独自完成的项目上比较突出，但在团体活动上参与率很低。在平常的学习和生活中，师生交流比较少，沉溺在网上和老朋友聊天。这给他们造成了巨大的压力。在压力来源的调查中，感情和人际交往压力占到第二，仅次于学习和就业压力。

校级活动参与度情况如图 1 所示。

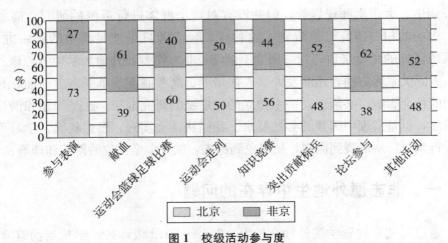

图 1　校级活动参与度

（二）出现考研还是就业的矛盾心理

兴趣是最好的老师。在非志愿专业的学习上，既没有兴趣，也没有动力。在日常的学习和生活中，"必修课选上，选修课必上"成为他们的上课准则。在课余时间，多数同学选择在宿舍上网。娱乐和聊天成为他们的头等大事。调查显示，几乎每位受访者都至少有一个腾讯账号，一个微博账号，一个微信账号，一个人人账号，甚至还有一些游戏账号。每天更新一些状态，发表一下评论或者打一场游戏，他们乐在其中。长此以往，逐渐颓废。主要表现为生存消费比例高，发展消费比例低，挂科率高，学科竞赛不积极，国家级证书少，学业和就业压力大。

他们还是社团活动、创业大赛的主力军。积极参加各种社团活动，并在里面担任主要领导职务；积极拓宽自己的知识面；乐于参加各种形式的创业大赛，比如大学生科研与创业项目，大学生创业设计大赛，挑战杯等。这种行为一是为了转移对本专业的厌倦感，通过一些新的形式提高自己对专业的兴趣或拓展一条自己喜欢的发展道路。二是为以后的创业做准备，通过参加各种创业大赛积累经验。

在问及毕业后打算时，约46%的同学表示自己会去就业，约44%的同学表示自己会去考研，另外留学和创业的各约占5%（见表1）。如果把留学和考研算作一类，创业和就业算作一类，二者几乎是1∶1的比例关系。也就是说，有一半的人会在毕业后选择继续深造，有一半的人在毕业后会选择就业或创业。但据北京物资学院实际情况来讲，每年的毕业生有超过80%最终就业。再除去出国留学、考公务员等其他状况，每年最终考研率10%都不到。这两组数据表明非志愿专业外地生源大学生在考研和就业方面出现了一种矛盾心理。一方面想继续深造，能够转到一个自己喜欢的专业。另一方面，他们又限于大学四年专业知识不牢固等原因，担心考研失败，到时又错过最佳就业季，专业知识薄弱很难就业。

表1　　　　　　　　　　毕业流向表

项目	考研	就业	出国留学	创业
人数（人）	27	28	3	3
百分比（%）	43.54	45.18	4.84	4.84

（三）由于主观原因导致相互之间沟通不畅，矛盾产生

现在的北京学生总有这样一种感觉"过去的外地人是融入北京，现在的外地人是侵入北京"，他们作为当代思想文化的传承者，在经历过儿时小胡同变摩登大厦的复杂情绪后，渐渐表现出对此事的敏感和不满，非京生源和北京生源之间总有一道鸿沟，曾经在一些社交网站上（如人人网、朋友网）时常会有一些冲动的言论，导致北京学生和外地学生之间的口舌之争。

而非志愿专业外地生源作为非京籍生源的一部分，更为敏感和特殊，从个人访谈录中我们可以看到，不论是选择哪种未来发展方向的人，基本从未考虑过留京，难以落户虽然占了大部分的因素，更为深层次的原因是因为大学以来潜移默化地接受了这些信息的影响，导致对这片土地没有归属感。更多的学生选择把北京成为跳板，而不是归处，这使得北京渐渐成为了"普通学生"到"高级白领"的"转换机"，如何育人是一门学问，如何留人更是一门艺术。

北京物资学院针对其他地区招生主要有范围大、人员少、外地生源分数较高三个特点，很多同学来自偏远的山区或者少数民族聚集区，譬如内蒙古、新疆、西藏等地区，还有的来自广东、上海、福建等沿海大城市，这几个地区相比其他地区，均有较为独特的本土方言或者语言习惯，这可能导致学生之间的交流障碍，譬如来自新疆、西藏地区的同学上了 4 年大学，由于语言原因也只能和同乡交往较深，如不加以照顾和引导很难融入集体。此外，在某些同学身上，南北方差异表现得特别明显，相聚于同一宿舍，若不能及时沟通相互理解，极易发生矛盾和冲突。

2009 级非京籍学生构成情况如图 2 所示。

（四）心理亚健康及心态调试不当问题

基于学习部分的数据分析，我们发现一种现象，即非志愿专业外地生源存在挂科率高和奖学金人数多两种互相矛盾的现象，通过个人访谈及问卷综合分析，我们抽丝剥茧渐渐发现了这种现象的根源，关键问题还是出在心态上。

我们发现，非志愿专业外地生源存在两方面互相矛盾又相互统一的心理，一方面希望得到别人的认可，积极服务别人，照顾别人的感受，重视周围气氛，另一方面却又不得不陷入孤独、自卑的负面情绪当中，表面上看来，这部分学生对一般事情和社会状态颇能适应，但从其本质上看来，并非如此。

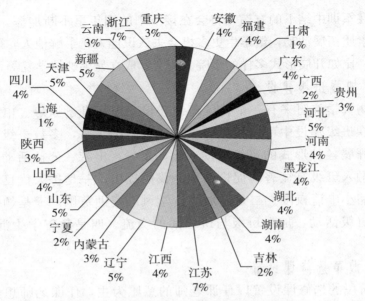

图 2　2009 级非京籍学生构成情况

事实上，他们的心理很难和陌生的环境妥协，这会渐渐导致非志愿专业外地生源对群体没有归属感和依赖感，故而行事风格比较独立，此现象可以在思想调查的数据中获得，这种不安的心理在大一期间极为明显，小部分学生没有及时得到疏导，或短时间沉溺于游戏，导致学习成绩下降，或出现厌学情绪，逃课挂科相对明显；一部分学生，只学习，读死书却不交流，逃避现实，但随着大学生活的继续，这些不安渐渐被不得不面对的毕业压力慢慢搁置。在这些问题面前，如何及时疏导不良的心理，帮助这部分学生树立正确的大学生活观念，与此同时引导他们合理地进行职业规划就显得格外重要。

二、推进非志愿专业外地生辅导工作的建议

(一) 建立健全高校学生心理辅导体系

高校应重视学生心理健康发展，积极辅导学生心理健康问题；改善学生心理落差；积极为学生在专业认同感、学习兴趣上提供帮助；缓解他们的心理压力；做好心理辅导；帮助他们培养学习的自信心。

(二) 广泛开展各种形式的素质拓展活动

新生入校的第一件事就是军训，同学们在军训中认识同学，适应大学生

活。有些在军训中结下的友谊，将会在接下来的四年里不断加深。学校应该开展类似素质拓展活动，给学生更多机会去认识他人，了解他人，敞开心扉，收获友谊。比如开展形式多样的学院交流会，成立兄弟姊妹学院等。

（三）加强班级建设

北京物资学院历来有一个传统班级建设，即优良学风班。申请并被批准的班级在班级建设中可以得到学校的资助。据了解，多数班级在领取资金之后会开展各种形式的班级活动，比如聚餐、出游、公益活动等。这对外地生源融入班级有显著的促进作用。我们提出，一是扩大优良学风班申请名额和缩小申请权限。二是增加优良学风班资助范围。三是领导开展形式多样的班级活动，加强班级与班级间的交流。四是各省学生混合编排，互帮互助。

（四）改革选修课设置

现在阶段的选修课设置以任课老师的意愿为主，任课老师想开什么课就开什么课，随意性很大。忽视了学生的选课意愿。学生在选课时只能选给定的科目。这不利于大学生素质的提高。某些同学就是以混学分为主要目的，选一些容易得分却帮助不大的科目。我们建议，一是选修课设置以任课老师意愿为主转为学生意愿与老师意愿相结合，在任课老师意愿的基础上给学生一定的自由。二是选修课设立一些学校主流专业之外的学科，全面统筹跨专业考研的学生的需要。也给转专业学生一定的机会去了解其他专业。

（五）重视科研与创业活动

非志愿专业外地生源大学生对科研与创业活动情有独钟。学校及相关部门应努力做好相关方面的帮扶工作。大学生科研与创业，不仅能提升相关方面的知识水平，还能为以后真正的实践积累经验。学校应广泛开展多种形式的创业大赛，设立创业指导中心，帮助他们了解相关的政策规定。并对他们在项目实施过程中遇到的困难帮助解决。当前国家和社会积极推动大学生创业，学校应最大限度地为有志创业的同学开"绿色通道"。

（六）重视考研

北京物资学院作为一所财经类院校，多数同学在毕业后直接进入职场。考研一直是极少部分人的选择。但根据我们的调查，44％的同学有意愿在毕业之后能读研究生继续深造。学校应将考研和就业两手抓。设立考研指导中心，做一些考研方面的指导实务。现在多数考研同学都是报社会上的辅导班，上课都要去外校，很不方便。学校可以将这些机构引进来，方便考研同学上课。另一方面，学校也可设立考研班，进行专门的培养。

三、结语

非志愿专业外地生源大学生的生活现状调查，这一课题目前在国内尚属首例。也是我们此次研究的开创性和创新性所在。如何使北京市非志愿专业外地生源这部分群体正确面对现实，增强学习动力，顺利度过大学生活是面临的难题，具有非常重要的指导意义。我们想通过此次调查研究，引起社会各方面对这部分群体的关注，特别是高校方面，需要通过为非志愿专业学生能力素质发展搭建特定有效的平台给他们以更多的帮助，使他们能更好地面对现实，成就梦想。同时，也应该让他们认识到，从大学学习和生活中的多方面进行自我心理调适，端正踏实沉稳的学业态度，利用大学里的有效资源增强专业适应性，进一步认识自我，完善自我。也期望我们的调查研究成果为相关教育部门及高校的决策制定提供参考依据。在项目研究过程中，我们本着科学务实严谨的态度，但是在研究过程中，不免因为资料搜集不全面、调查样本缺乏随机性等造成随机误差和系统误差。因此文中提到的观点还需不断完善和改进。

参考文献

［1］刘华山. 学校心理辅导［M］. 合肥安徽人民出版社，1998.

［2］黄佳明. 高校"冷门专业"新生的心理冲突与调适［J］. 华南师范大学学报：社会科学版，2006，4：141-143.

［3］梁明月. 试论高考专业志愿填报的非志愿性［J］. 教育测量与评价：理论版，2011（4）.

［4］刘志明，等. 高校学生工作研究与探索（第二集）［M］. 天津：天津人民出版社，1999.

［5］吴秀碧，贺孝碧. 新生大学生活困扰之调查研究［J］. 辅导学报，1991，14：175-206.

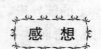

我们一起来

一路走来，我们依旧在一起。在想这篇感触的题目时，作为项目负责人，我只是想通过几个字表达我内心对友谊的赞美。"一起来"是我们团队 QQ 群的名字，也是我们完成这次项目的灵魂。

还记得我们一起奋战到凌晨 3 点，只是为了赶做一个数据库，困了，累了，但是我们都在坚持，我们都理解彼此，没有抱怨，有的只是彼此之间的真诚。

还记得大三开学时，项目停滞不前，没有进展。是同伴告诉我不要放弃，告诉我只要选择承担，就没有理由放弃。我很感激，这句话我将一生受用。

还记得在项目开篇时，正值寒风瑟瑟的初冬，一起工作的伙伴是那么的暖心，一句"愿意跟着你做"顿时打破寒冬的冷漠。

还记得当大家正在享受夏日一丝闲暇的静谧时，我打电话斥责队员没有及时完成任务，可是他们没有愤怒，有的只是默默投入工作。

还记得北京狂风怒吼的夜晚，他们单薄的身躯在寒风中瑟瑟发抖，迎着凛冽刺骨的北风冲向宿舍，但是彼此都在告诉对方，我们在一起。

还记得冬日晚饭后，我们聚在食堂油腻的铁板桌上，有过面红耳赤，有过欢声笑语，但是我们在一起。

一路走来，有过心酸失落，但彼此的鼓励和支持成就了这一切。杨思，龚岚芳，李蕊，是你们给了我力量和自信，我们永远是最棒的团队，我们在一起。

学科类别：经

关于农村劳动力的流向研究

——以安徽省五河县武桥镇路西村为例

学生姓名：史廷虎

指导教师：李广义　教授

　　摘　要：本文通过对调研地安徽省五河县农村劳动力98份调查问卷的有效分析，并进一步对农村劳动力主体信息深层次分析研究，归纳出当前农村劳动力的个体流向特征：被动流向、盲目流向，指出了流向过程中存在或发生的一些问题，并针对问题提出解决思路。

　　关键词：安徽五河；农村劳动力；流向；外出务工

一、选题背景

　　目前，随着社会经济的快速发展，城市化的进程不断加快。在城市化发展的进程中，越来越多的农民工参与到城市的建设中来，引发了农村劳动力的流动。而农村劳动力流向何处不以人的意志为转移，由两个规律所决定：一是社会心理规律；另一个是一个国家和地区的社会经济发展规律。这两个规律决定了农村劳动力的三个基本流向：由农业流向非农业，由乡村流向城镇，由落后地区流向发达地区。农村劳动力流向还有着非常重大的意义：农村剩余劳动力转移是建设和谐社会的需要。长期的"二元结构"导致农村发展不够，农民收入低下，与城镇居民的收入差距日益加大，长此下去必将影响经济社会的和谐发展。通过农村剩余劳动力的转移，可增加农民的收入，缩小城乡差距，促进城乡协调发展。笔者把更多的注意力放在农村劳动力流向的主体上，细致研究流向过程中的方方面面，研究农村劳动力流向的主体特征和规律。

二、课题研究目标

笔者重点对农村劳动力流向主体特征和流向规律进行分析和研究，重点放在农民及其家庭变化方面。近年来因农民工外出务工带来的一些问题越发严重，诸如外出务工的社会保障问题，家中耕地闲置荒废问题，盲目追求高收入而忽略所从事工作的危险性问题等。笔者希望通过本次切实调查研究，真实地反映当前农村劳动力流向城市的规律和所发生的问题。为避免广大农民的生活水平受到诸如上面问题的影响，笔者调查个案的实情数据，收集广大农村劳动力的需求意见，把握流向规律的同时，探究出一套适合当地情况的解决思路，以希望进一步改善目前相关不合理问题大量存在的现象，为国家有关部门解决此类问题提供一份实地的参考数据。

三、研究方法

1. 资料搜集法

资料搜集法是指根据一定的研究目的或课题需要，通过查阅文献、借取资料、向专业人员请教等多种方式来搜集相关资料，全面地、正确地了解所要研究的问题，从中发现得到结论的一种研究方法。资料搜集法是调研中常用的方法，也是非常有效的研究方法，帮助笔者获取其他学者对农村劳动力流向问题的研究数据，为撰写调研报告提供理论支撑。

2. 深度访谈法

深度访谈法是笔者对个别的典型案例进行的一种无障碍式、开放式、直接的、个人性的访问。通过深入地访谈一个个被调查者，能够揭示他在心理深层次上对外出务工和劳动力流向问题的看法、观念，或者意见、建议。访谈法能够搜集有关态度、情感、感觉或事实性材料，加深笔者对课题的思考。在对路西村村民的调查过程中，通过对家庭的走访，从中筛选出几位比较具有代表性，而且能够清楚表达自己所思所想的外出务工者，将他们确定为深度访谈法的对象。

3. 统计分析法

统计分析法就是运用统计学原理和方法处理调查所获得的数据资料。具体到笔者的这次调研中，就是搜集、整理和分析材料、数据的总体数量方面的工作。搜集到的有关数据和资料进行整理、录入、归纳、处理、分析和总结。这样一来就为后续的课题研究提供了数据上的充足保障与支撑。笔者认为，通过以上一系列步骤所得出的数据将更具说服力。

四、研究内容及其相关数据分析

（一）农村劳动力主体信息

1. 农村劳动力流向主体的素质低

本次调查中，受访者的文化程度较低，初中和初中以下的学历占到了77％，高中以上学历仅有23％。在是否有从业资格证书的选项中，近70％的人没有从业资格证书。

2. 提升职业技能和做好职业规划的必要

70％的农村劳动力觉得有必要对自己的打工生涯进行规划。值得注意的是，文化程度较低的农村劳动力，虽然认识到职业规划的重要性，但是由于各种局限，使得他们无法合理有效地自我规划，更别提科学地进行个人职业生涯的规划了，这需要政府和企业予以重视。同时在职业偏好调查中，没人对从事体力劳动存在偏好。农村劳动力的文化素质和职业技能较低，但都想从事较舒适和体面的工作。其中偏好技术岗位的人占的比重很大，这需要他们必须接受专业技能培训，才能够选择技术岗位的工作。

（二）农村劳动力流向特点

1. 社会网络对劳动力流向的巨大贡献

在找工作上，农村劳动力似乎不需费多大的周折，有外出务工意愿的劳动力，大部分可以从亲朋好友处获得外出工作的信息。农民工外出的主要渠道是通过亲友帮带和介绍，政府和市场在发挥农村劳动力外出就业的作用方面依然没有占据主导地位。

农村劳动力找工作花费的时间和途径如图1、图2所示。

2. 劳动力流向中，"长年工"大量存在

劳动力流向中，"长年工"占的比重很大。"长年工"是指长年在外务工的务工者，其一般只有家中发生重大事情或逢年过节时才停止务工状态回到老家。此次调查中，"长年工"的大量存在说明了农村劳动力流向时间较长，

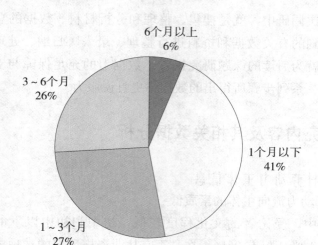

图1　农村劳动力找到工作需花费的时间

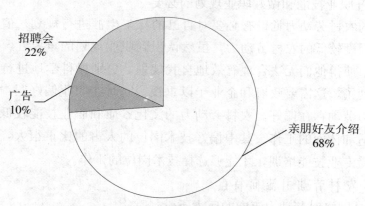

图2　农村劳动力找工作的途径

因为常年在外务工，其中一些人会在农忙时返乡，收割耕种，短暂忙碌后就会返回务工地继续工作。短暂的农忙，侧面反映家中的土地可能在一定程度上给外出务工者造成工作压力。因为在外务工心中仍会惦记家中土地，那么土地流转的情况便会发生。换句话说，就是季节性、兼业式就业的情况大量存在。

3. 土地流转意愿和保留农村户籍意愿的不相关性

73%的受访者表示愿意承包和转出土地资源，随着农村劳动力的大量对外流向和"长年工"的存在，导致有一部分的土地资源不能被完全耕种或被荒弃。在土地流转意愿和保留农村户籍意愿的相关性上，笔者得到不相关的结果，说明农村劳动力想保留自己的农村户籍。

4. 被动流向及盲目性流动的存在

打工意愿结果（见图3）显示，半数多的外出务工者不情愿打工，其中一部分人对打工这一行为甚至表现出厌恶态度。值得指出的是在农村劳动力流向中，一部分人存在被动流向的嫌疑，出于增加家庭经济收入的无奈，受到父母或子女的压力的驱使等，使得这些人被迫外出务工。而在工作选择的自主性上，22％的人说自己没有自主性，这体现出在农村劳动力的流向中，有一部分人存在流动的盲目性，这无疑是他们在工作中会出现不开心和不满意状态的根本原因（见图4）。

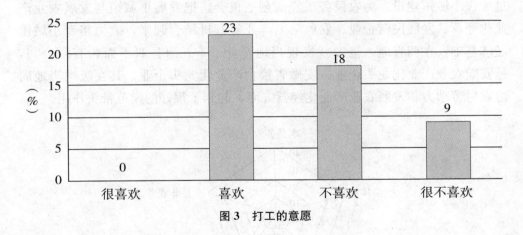

图3　打工的意愿

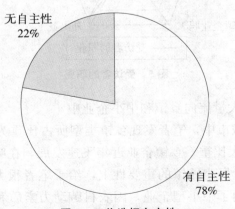

图4　工作选择自主性

5. 不稳定的工作状态所伴随的无形压力

在外出务工工作的稳定性问题上，绝大多数人觉得工作不稳定，反映了外来务工者在外务工生活和工作的诸多不如意。69％的受访者表示自己工作压力过大，农村劳动力工作压力大已经成为不可忽视的问题。强大的工作压力来源于多个方面，86％的受访者说打工的不稳定给予他们一种无形的压力，具体的工作压力有：工作时间过长，工作强度过大，家庭负担大等。外出务工的不稳定和缺乏就业安全感，是农村劳动力外出务工不幸福的重大因素。

6. 大量的外出务工显现出小城镇建设急需加快

受访者的职业（见图 5），主要是外来务工者，只有很小的一部分的是本县非农务工。侧面可以看到，在发展小城镇建设的道路上需要加快脚步。通过加快小城镇建设，为农民务工经商创造机会。把发展小城镇与发展农业产业化经营、发展民营企业、发展第三产业等有机结合起来，大力培育小城镇经济基础。在调查地，笔者就发现当地企业——五河县双丰面粉有限公司，是安徽农业产业化龙头企业、安徽省粮食产业化龙头企业，其在吸纳当地周边农村劳动力和发展农业产业化经营方面，起到了很好的模范带头作用。

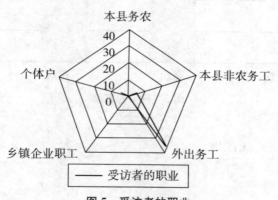

图 5　受访者的职业

7. 农村劳动力大量流向乡镇和中小企业中

劳动力流向的城市中，笔者发现乡镇类型所占比重为 26％，是继省会大城市 38％后的第二大比重。乡镇企业近年飞速发展，在吸纳农村劳动力的能力上大幅提升。在发展小城镇的重要性上，给予笔者很大启发。同时绝大部分的农村劳动力流向了中小型企业，因农村劳动力素质和技能较低符合其用工要求，这说明了中小企业的发展壮大对农村劳动力转移就业有着深远的意义，如图 6、图 7 所示。

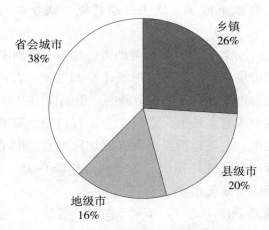

图 6　农村劳动力流向城市的级别

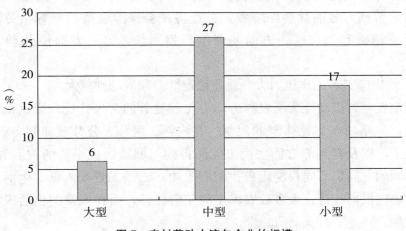

图 7　农村劳动力流向企业的规模

五、调研提出的主要问题及对策思考

（一）农村劳动力流动所出现的问题

1. 农村剩余劳动力素质较低，就业能力较差

本次调研中，受访者中 77％是初中及以下文化程度，并且一半以上未受过专业培训。受教育程度低，综合素质不高，就业选择受限，使得农村转移

劳动力的就业空间狭小，只能选择从事一些简单的体力劳动，造成一些岗位就业竞争激烈、工资水平低下、缺少劳动技能、就业竞争力差，难以转移就业。

2. 劳动力市场不完善，农村剩余劳动力进城务工受到限制

当前，劳动力市场化程度较低，市场体系不完善，农民进城就业壁垒重重。这种农村劳动力市场是自发的、散漫的，组织性的保障（如失业、工伤、医疗保险等）不健全或完全缺失。农民工合法权益缺乏有效保障，不同程度的侵权事件时有发生，主要包括：企业强制加班加点超时劳动、拖欠克扣工资、参保率低、劳动合同签订率低、劳动和卫生条件差、安全缺乏保障等，严重影响了农村劳动力流动速度。

3. 农村社会保障制度不健全，不利于劳动力转移

目前农村的社会保障体系处于实际缺失状态，绝大部分农民游离于现代社会保障制度之外。我国社会保障体系薄弱，不少企业不为进城就业的农村剩余劳动力缴纳社会保险费，企业将社会保险金负担转嫁给劳动者个人而形成超额利润，这一方面使资本积累加快，另一方面使劳动者贫困加深。

4. 外出务工者工作压力大，就业稳定性差和流动性较大

稳定性差、流动性大是农村劳动力比较显著的两大特征。影响稳定就业的原因：一是城乡二元体制的限制。在户籍、医疗、公共就业服务、住房、子女上学，以及养老等方面农民工无法得到与城镇居民平等的权利和待遇，同工不同酬、同工不同权的现象也时有发生；二是工资收入低、生活成本增加的影响。根据统计，大多数农民工的工资较低，而在城镇的生活成本却在迅速增加。

5. 农村劳动力流向的盲目性

农村劳务市场的发育尚处于原始阶段，以自发、分散、不规范为其显著特征。一是缺乏准确的劳务信息和统一的组织管理。盲目外出务工，使不少人找不到合适的工作。二是外出务工人员的合法权益得不到有效保护，工资被拖欠、克扣或被迫加班加点，工伤事故无人管、无人问等现象时有发生。三是劳动者普遍存在文化水平低、生产技能差的问题，由此而造成就业层次低，择业空间小。目前异地建筑业、工业、商业、饮食业和服务业中的低层次工种是农村剩余劳动力的主要去向。

（二）解决农村劳动力流动问题的方案建议

1. 开展教育培训，提高劳动力素质

根据市场和企业的需求，按照不同行业、不同工种对农民工基本技能的要求，安排培训内容，提高培训质量，提高劳动力的技能知识及素质。一是整合教育资源，充分利用各类中专学校、成校和技工学校、农广校等师资力量及教学设施；二是探索培训途径，积极探索各种实用、实效的培训方式，多途径地培训农村劳动力。

2. 完善保障机制，解除外出务工人员的后顾之忧

建立和健全农村社会保障机制，加快农村合作医疗改革步伐，分步推进农村居民最低生活保障制度；规范土地流转机制，建立有利于农村劳动力转移的土地流转制度，鼓励进城务工的农民，采取多种方式流转其土地承包经营权，发展多种形式的适度规模经营；健全农民工权益保障制度，要健全劳动保障监控制度，加大对侵害农民工权益案件的查处力度，要建立解决拖欠和克扣农民工工资问题的有效机制，严格执行最低工资制度，逐步改变农民工工作偏低的状况。

3. 完善劳动力市场

通过建立城乡统一的劳动力市场体系，构建农村劳动力自由流动的有效机制，改善农村劳动力进城就业环境，制定合理的最低工资和职工社会保障与福利标准，保障劳动者的合法权益，保证劳动者及其后代平等的教育和培训的权利；消除就业歧视，打破外来人口与本地人口之间户籍、住房、医疗卫生等待遇的制度限制，使农民进城就业者享受市民同等待遇。

4. 社会网络建立

扩大农村劳动力的社会网络规模，政府通过公共政策为农村劳动力降低维护其社会网络的成本，如通过加强厂与厂之间的联谊和增加社区文体中心建设等为农村劳动力的对外交流提供平台；建立健全对农村劳动力的社会支持体系，政府应该重点帮扶，增加网络资源相对匮乏者的对外交往机会，并在其需要帮助时给予保障性支持，实现和谐网络的构建。

5. 通过多方发展，增强吸纳农村劳动力的能力

加快小城镇建设，为农民务工经商创造机会。发展小城镇是扩大就业、转移农村劳动力的便利途径；大力发展中小型企业，对一些就业量大的企业予以相应政府扶持，使其尽可能地吸纳农村劳动力；加大农业综合开发力度，

推进农业适度规模经营，大力发展农业产业化，为劳动力向农业内部转移提供新的空间。

参考文献

［1］徐永新．社会主义新农村建设视野下的农村劳动力流动问题探析［J］．河南社会科学，2008（4）．

［2］胡金华，陈丽华，应瑞瑶．农村劳动力迁移的影响因素分析——基于社会网络的视角［J］．农业技术经济，2010（8）．

［3］盛来运．中国农村劳动力外出的影响因素分析［J］．中国农村观察，2007（3）．

感　想

我们小组选择的下乡调研地是安徽省五河县路西村。在实地调查过程中，我们改进调查问卷，自行选择适合的调查方法。因为在调查的过程中，能切实判断出问卷的合理性，调查方式的有效性等问题，应了一句名言"实践出真知"。这些知识的获得也必然会比课程的单一教授，简单依赖记忆力啃书和背理论来的成果显著。最好的学习应该在社会实践中领悟和收获！

对于这个项目的实践探究，就我们大学生而言，结合了自身所学，又通过多样统计调查方法来收集和获取实证资料，了解到了现在农村劳动力的生活状态。在调研中锻炼了我们的沟通能力，提高了我们的专业素养，培养了我们吃苦耐劳和团队协作精神。更重要的是，可以让我们深入地、真实地了解到我国农村劳动力流向城市的现实情况及劳动力流向城市所带来的一系列问题。

长达五天的实践活动很艰辛，虽然课题进展的过程中存在语言障碍、沟通障碍等问题，但最终的丰硕成果依然令人欣慰——文本样式的问卷调查报告、丰富的实践照片等，这些成果都是我们这五天的收获。更重要的是，我们在活动过程中接触到许多与我们境况迥异的人，从他们身上我们看到了生活的辛苦和无奈，令我们收获了更多的感慨和专业思考。

学科类别：经

对北京大学生兼职情况的调查分析

学生姓名：陶斯然　郭旭　贾莹　李燕娜
指导教师：李义福　副教授

摘　要：本组项目进行了充分的前期准备，之后通过对北京部分大学生进行问卷调查、实地走访兼职中介机构等形式，进行数据分析等研究，结合目前兼职过程中存在的问题，探究问题产生的原因，以此提出对大学生兼职的对策建议。

关键词：大学生兼职；存在问题；对策建议

一、引言

目前北京大学生兼职的现象较为普遍。兼职信息的封闭、对大量兼职广告持有的茫然态度、不知选择何种兼职、在面试时可能遭遇的不公平对待、工作时的高强度、兼职收入得不到充分的保障等问题，令许多大学生对兼职望而却步。本项目组针对这种状况，通过对北京在校大学生兼职情况进行调查，分析并提出合理的对策建议。

二、前期准备

（一）理论综述

精读王功成的《生财有道》、方琴和张朗峰的《我兼职，我快乐》、庄浪和岳彩碧的《兼职起跑线》等文献，可以发现这些专家学者普遍认为：兼职是大学生从高校走向社会的重要工具，要利用好兼职。大学生应当树立正确的兼职观念，掌握好学业与兼职的平衡。兼职成功的重要因素有兴趣、专长、机会、胆识、创意等。面对不同的工作，掌握好兼职的有效方法且灵活应用，可以事半功倍。通过查阅文献，我们对大学生兼职有了一定的认识，使后续工作的开展有了一定的理论基础。

（二）调查问卷的设计

为了使问卷调查的结果尽量不受地域及学校的限制，我们分别在市区、郊区抽取了四所学校进行大学生兼职情况的问卷调查。分别为大兴区的北京建筑工程大学、房山区的北京工商大学、海淀区的首都师范大学、通州区的北京物资学院。四所大学位于北京的不同方位，与北京市区距离不同，而且专业重合率也较低。

对于兼职机构的选择，则依据调研组人员及周边参加兼职同学的参与度，对新青年、同学吧及朝禾文化三家进行关于兼职机构的问卷调查。这三家兼职机构各有特点，能够更全面地体现兼职中介以及大学生兼职的现状。

在设计调查问卷的时候，我们选择针对两个不同的人群，北京在校大学生和兼职中介机构。针对北京在校大学生，主要想了解北京大学生兼职中的不利因素。针对兼职中介，主要想了解其对兼职大学生的要求。我们研究的重点在于结合两份不同的问卷找出发生冲突的地方，寻求解决方法。

以下是针对大学生的调查问卷中的几个问题。

（1）你是否做过兼职（　　　）

A. 是　　　　　　　　　　　　　B. 否

若是，你曾经做过哪些种类的兼职？（　　　）（可多选）

A. 促销　　　　　　　　　　　　B. 派发传单

C. 家教　　　　　　　　　　　　D. 礼仪

E. 调研　　　　　　　　　　　　F. 餐饮

G. 在校勤工俭学　　　　　　　　H. 客服

I. 企事业单位学习　　　　　　　J. 其他

（2）如果条件允许，你更愿意做哪类兼职？（　　　）（可多选）

A. 促销　　　　　　　　　　　　B. 派发传单

C. 家教　　　　　　　　　　　　D. 礼仪

E. 调研　　　　　　　　　　　　F. 餐饮

G. 在校勤工俭学　　　　　　　　H. 客服

I. 企事业单位学习　　　　　　　J. 其他

（3）你选择兼职的标准是什么（　　　）（可多选）？

A. 薪酬　　　　　　　　　　　　　B. 安全

　　C. 工作强度　　　　　　　　　　　D. 能力锻炼

（4）对于薪酬高低的要求，你的期望值（　　　）。

　　A. 较高　　　　　　　　　　　　　B. 一般

　　C. 较低（重在锻炼等方面）

（5）你在兼职中主要遇到过以下哪项困难？（　　　）（可多选）

　　A. 中介诈骗

　　B. 工资拖欠问题

　　C. 有时会与学习冲突

　　D. 不能与顾客或领导有效地沟通

　　E. 缺乏社会经验，工作中遇到的问题不能及时解决

　　F. 对社会上的一些问题不能理解也不能接受，不太适应社会风气

　　G. 距离工作地点远

（6）若兼职与上课时间冲突，你会倾向于（　　　）。

　　A. 上课　　　　　　　　　　　　　B. 打工

　　C. 尽可能地寻找协调方法

（7）对于兼职，你的看法是（　　　）。（可多选）

　　A. 消费水平提高

　　B. 经济独立，能自己支付全部或部分生活费，有自豪感

　　C. 大学生活更加充实

　　D. 锻炼交际能力，拓宽交际面

　　E. 增加工作经验和社会阅历

　　F. 学到许多专业知识

（8）你认为大学生做兼职需要哪些条件？（可多选）

　　A. 时间　　　　　　　　　　　　　B. 专业能力

　　C. 人际关系　　　　　　　　　　　D. 良好态度

　　E. 毅力

　　我们通过这些问题，从大学生兼职种类、选择兼职的标准、兼职目的、在兼职中遇到的问题等多方面了解大学生兼职的现状。共发放问卷 400 份，回收 387 份，问卷结果能比较真实地反映大学生兼职现状。

　　以下是针对中介机构的调查问卷中的几个问题。

（1）主要通过哪些渠道宣传（　　　）。（可多选）

A. 报纸杂志　　　　　　　　　　　B. 网络

C. 电视广告　　　　　　　　　　　D. 传单

E. 口口相传　　　　　　　　　　　F. 其他＿＿＿＿

（2）选用人员标准（　　　）。（可多选）

A. 相貌　　　　　　　　　　　　　B. 身高

C. 性别　　　　　　　　　　　　　D. 能力

E. 其他＿＿＿＿

（3）会费是多少？（　　　）

A. 零会费　　　　　　　　　　　　B. 大于 0 小于等于 50 元

C. 大于 50 元小于等于 100 元　　　D. 大于 100 元

（4）哪几类兼职比较热门（　　　）（可多选）

A. 礼仪　　　　　　　　　　　　　B. 促销

C. 餐饮　　　　　　　　　　　　　D. 发单员

E. 家教　　　　　　　　　　　　　F. 客服

G. 调研　　　　　　　　　　　　　H. 其他＿＿＿＿

（5）对会员有什么福利：

（6）在开办中介机构过程中遇到的困难：

（7）对大学生兼职的期望：

通过这些问题，我们从兼职机构的开办宗旨、宣传途径、选用人员标准及是否需要交纳会费等多方面，了解兼职机构的现状。共发放问卷 3 份，回收 3 份，调查问卷的结果能够比较真实地反映兼职机构的现状。

（三）与有丰富兼职经验的大学生进行深度访谈

为了更全面、深入地了解大学生兼职的现状和问题，我们组还与有丰富兼职经验的大学生进行了深度访谈。通过深度访谈，我们发现了很多设计调查问卷时没有想到的问题，如临时促销员的权益得不到保障等。这对我们的研究结果起到了补充的作用。

三、调查问卷结果的数据分析

本项目组在四所学校共发放问卷 400 份，每所学校发放 100 份。收回问卷共 387 份，问卷回收率高达 96.75％。男女比例大致为各占一半，同时在年级、专业上比较分散。通过对问卷的分析，我们发现做过兼职的同学占调查总人数的 62％。可见，大学生兼职的现象比较普遍。

本项目组将所得数据整合归纳，寻找合适的工具以直观呈现调查结果，运用了线性相关知识，通过构建 xy 散点图力求客观且较为清晰地呈现大学生实际参与的兼职与所喜好兼职的相关关系。

根据总数据得出如表 1 所示数据．

表 1　　　　　　　　大学生实际兼职种类与喜好种类总数据

兼职种类	实际 x（％）	喜好 y（％）
促销	45	9
派发传单	12	5
家教	22	31
礼仪	5	22
调研	4	9
餐饮	8	3
在校勤工俭学	11	7
客服	15	16
企事业单位实习	4	40
其他	5	6

进一步得到的 xy 散点图，如图 1 所示。

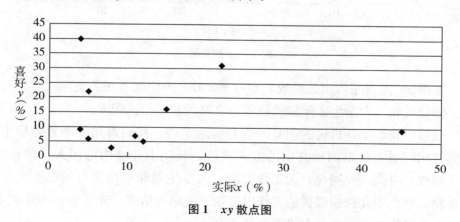

图 1　xy 散点图

根据 xy 散点图，相关系数 r 约为 -0.08，实际兼职与喜好兼职之间相关关系极弱。

出于严谨的态度，本项目组挑选了 5 个权数比较大的兼职种类，通过同样的方式来验证线性关系。根据特定数据绘制的表 2。

表 2　　　　　　　大学生实际兼职种类与喜好种类特殊数据

兼职种类	实际 x（%）	喜好 y（%）
促销	45	9
家教	22	31
礼仪	5	22
客服	15	16
企事业单位实习	4	40

进一步得到的 xy 散点图，如图 2 所示。

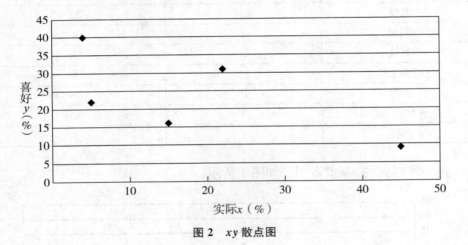

图 2　xy 散点图

根据 xy 散点图，相关系数 r 约为 -0.67，为中度负相关关系。

因此可知，大学生实际做的兼职与喜好的兼职出入较大。

通过对兼职中介机构的问卷调查和实地走访，我们得知大多数兼职中介机构使用网络和传单两种并用的方式宣传。兼职中介机构选用人员的标准，除了相貌、身高、性别、有无工作经验，大学生对兼职所抱有的态度也是一大重要标准。中介机构提供的工作以促销、发单等居多。除了提供兼职机会，兼职中介机构对大学生几乎没有其他福利。

在问卷调查过程中，兼职中介机构希望大学生兼职人员能够做到守时、守信、守纪，不要无故旷工，这会给兼职中介机构带来不便，甚至会使兼职中介机构声誉受损。

四、北京大学生兼职中存在的问题

（一）所做兼职不是喜好兼职，缺乏与专业有关的兼职

通过对大学生兼职的调查问卷结果可见，大多数大学生偏向于做家教、礼仪、客服等方面的兼职，相对来说，这些兼职比较有实习性质，工资较高，更能锻炼能力。但是，只有部分同学能够做自己喜好的兼职，极大地打击了很多同学对兼职的积极性。

（二）兼职时间与上课时间冲突

兼职时间与上课时间冲突是大学生兼职中最常见的问题之一。很多大学生会选择放弃一些课程，这对于大学生的正常学习造成了不小的影响。

（三）大学生兼职的权益得不到保障

通过问卷调查以及深度访谈发现，大学生在兼职过程中经常会遇到权益得不到保障的事情。比如实际工资与兼职信息所述工资不同；兼职工资被长时间拖欠，甚至被克扣；通过面试和培训却未安排工作岗位，浪费时间等问题。

（四）兼职中介机构招不满人

很多大学生不做兼职的原因是找不到合适的兼职。兼职机构同样因为兼职岗位聘用不到足够的人而苦恼。工作人员说，很多岗位待遇不错，却因为宣传力度不够等原因招不满人。

（五）对消费观念会产生不利影响

在与有丰富兼职经验的大学生进行深度访谈的过程中，我们发现虽然大学生通过兼职而得到额外的收入，但是因为不懂得理财，出现"挣得多，花得也多"的现象，甚至有时还会造成入不敷出的现象。也有些同学虽然会有剩余，却也只是存到银行吃点活期利息，不会合理理财。

五、对北京大学生兼职的对策建议

（一）同学间应分享兼职信息，学校提供与学生专业有关的兼职信息

在兼职机构中找家教这类工作比较困难，机会少，对手多。因此，这类

消息最好还是通过留意学校周边的招聘信息及同学介绍等途径取得。首都师范大学的很多大学生就是以这种途径找家教方面的兼职的。

学校有丰富的资源，能够为学生提供相关的信息和机会，大大提高毕业生的竞争力，从而也能够使学校获得社会更多的认可。学校也可以将此项兼职或实习当成选修课，这样不仅能够减轻选修课不足的压力，还能够提高学生上选修课的积极性。

（二）合理安排兼职和学习的时间

兼职确实能够提升大学生的某些能力，也能够为大学生带来足够的零花钱，少数同学还能够利用自己的能力和资源"赚大钱"。但对于大多数的大学生来说，它不应该成为大学生活的全部内容，不应该因为兼职而耽误学习。建议利用长假，如寒假、暑假来做兼职。学好学校里的专业知识，"放长线，钓大鱼"。

（三）选择正规的兼职中介，关注大学生兼职的权益保障

大学生兼职应该尽量选择正规的兼职中介及兼职单位，这些机构就算工资不是很高，然而保障好得多，并且工资结算速度也比非正规机构快。另外，对于大学生兼职的基本权利得不到充分保障的问题，除了大学生要积极主动地维护自身合法权益，法律制度也应有所完善。

本项目的一大创新点在于，对涉及大学生劳动法律的研究，查阅各种资料，认真分析归纳，作出了小结。

（1）大学生应小心谨慎，提防非法中介，不轻信外地上岗的许诺，不让用人单位扣押证件，谨防骗财骗色。

（2）当合法权益遭到损害时，可向劳动监察部门举报，申请劳动仲裁，也可以采用向公安部门报案等方式维护自身合法权益。

（四）时常关注兼职中介网站

应该时常关注兼职中介网站，这样获得的信息更为全面，也能减少很大的竞争压力，使兼职成功的概率更大。

（五）加强理财观念，做到资金的合理利用

大学生兼职会产生剩余资金，但是因为理财观念不强，做不到资金的合理利用，甚至会浪费剩余资金。因此，提醒大学生消费应适度，多重视精神消费，买书、上比较感兴趣或实用的课程等。另外，如果条件允许，建议兼职大学生积攒剩余资金做一些像炒基金、债券交易等能锻炼能力的理财。这

样不仅能够锻炼能力，而且可能会带来更多利益。

六、总结

本项目组对北京大学生兼职的现状有了较为细致的了解，发现、总结了一些问题，也提出了相应的解决方案，为大学生兼职给出了一些专业性建议，为更有效地保障大学生兼职权益付出了一些努力。本项目组的研究成果，对大学生兼职具有较为重要的理论意义和实践意义，而大学生的兼职情况，会在接下来的年月里呈现出越发良好的走势。

参考文献

［1］王功成．生财有道：个人兼职赚钱计划书［M］．北京：中国财富出版社，2011.

［2］方琴，张朗峰．我兼职，我快乐［M］．杭州：浙江人民出版社，2005.

［3］庄浪，岳彩碧．兼职起跑线：大学生兼职指南［M］．北京：现代出版社，2007.

［4］王珺之．草根部落创业丛书 兼职也能赚大钱［M］．长沙：湖南科技出版社，2010.

［5］何雅．打开一扇窗，自己往外看：解码社团情节、学生干部、社会兼职——大学生素质拓展教育指导丛书［M］．上海：复旦大学出版社，2004.

感 想

上大学之后课余时间变多，很多同学有了兼职的想法。但是兼职并没有想象中轻松，由此，本项目组想对北京大学生兼职的现状进行一次较深入的研究。

在设计调查问卷时，我们分别从大学生和兼职机构两个方面进行设计，从他们的角度分析，使问卷更有针对性，也使我们懂得换位思考。在调查的过程中，我们体会到了沟通的技巧性和重要性。对于大学生的问卷调查在不同位置且专业重复率低的四所学校进行，这使我们的数据更全面、准确，我们还认识了新的朋友，扩张了我们的人脉。对有经验的兼职大学生进行深度访谈，让我们对兼职中遇到的问题有了更全面的了解，从他们的经历中，筛选出最适合大学生的兼职并提出合理的建议。这对于以后我们兼职或是工作，提供了一个好的参考。

在整个项目的实施过程中，我们不仅收获了技巧和经验，还深深地体会到了团队合作的重要性。团队合作不仅需要相互配合的精神，还需要合理的分工。本项目组在项目开展之初，就开会讨论并给所有成员做了详细的分工，规定了各项工作完成的期限，这使得我们的工作有条理且扎实地完成，没有出现拖沓的情况。团队意识已经深深扎根在我们的脑海中。

学科类别：文

北京市养老院现状及对策研究

学生姓名：刘怡临　竺瑛　郭迎　孟宇

指导教师：李淑文　副教授

摘　要：老龄化是目前一个比较严峻的社会问题，养老机构的存在在一定程度上缓解了我国赡养老人的压力，但是养老机构也存在诸多问题。我们在问卷调查和访谈调查方式的基础上，运用社会保障、人口学的相关理论，运用心理学和统计学相关理论，较为全面地分析北京养老院现状以及其存在的问题，并提出相应的对策。老龄化中度发展的北京，需要全社会关注老人的需求和发展，让老年人度过快乐安详的晚年。

关键词：老龄化；养老

一、选题背景及意义

目前，中国是一个发展中的人口大国，伴随着社会、经济、文化、医疗事业的迅速发展，中国的老龄化问题日益严峻。因此，在这种背景下，研究北京养老院状况，制定合理可行的养老政策，对保持我国经济可持续发展和维持社会稳定有重要意义。

北京市老年人口与总人口增长速度比较如表1所示。

表1　　　　　　**北京市老年人口与总人口增长速度比较**　　　　单位：%

年份（年）	总人口年均增长率	60岁以上人口年均增长率	65岁以上人口年均增长率
1982—1990	2.0	3.3	3.5
1990—2000	2.3	4.5	5.3
2000—2010（全国）	0.57	0.9	0.8

资料来源：根据1982年、1990年、2000年和2010年四次人口普查数据计算。

二、研究的特色及创新体现

（一）项目特色

（1）本项目研究的问题属于广受关注的民生问题，中国的老龄化严重，但是养老院等养老机构仍然存在许多问题。

（2）运用科学的研究方法，选择北京市几家大的养老院对老人进行实地调查，包括问卷调查、分小组访谈等。

（3）小组成员富有热情和朝气，在进行调查的同时给老人们带来快乐。小组有一名成员为北京的学生，对于北京各方面都有所了解，小组内成员都具有很好的团队合作能力。

（二）创新体现

运用科学的调查研究和实地访谈的研究方法是此次研究的保障，在实地调查的过程中将体现出大学生良好的素养和人文情怀。

三、研究的方法及思路

（一）研究方法

1. 问卷调查法

（1）问卷的架构和题型确定。针对养老方式的不同，设计了两套调查问卷。

（2）调查对象及问卷数量确定。北京市部分小区老年人和部分养老院老年人。

根据对以上类别的综合分析，最终确定了对两个小区和两个养老院进行调研。每个小区和养老院发放 50 份问卷。

（3）问卷的修订与定稿。经过小组讨论和指导老师建议，最终形成调查问卷。

2. 深度访谈法

（1）在北京部分小区和养老院走访。在正式进行实地调研时，我们对北京部分小区和养老院的部分老人进行了深度访谈，了解养老现状。

（2）相关部门走访。我们针对调查出的相关问题请教专业部门，对北京市民政局的工作人员进行深度访谈，了解政府的进一步政策措施。

（二）研究思路

针对北京养老现状的专项调研工作，首先，我们要对现状进行熟悉和了解，并进行梳理，以便有针对性地进行下一步的调研工作；其次，我们要明确自己的调研目标，从而制订可行的调研计划，从调查问卷的发放，相关人员的采访等过程进行实地调研；再次，要对调查的问卷进行数据分析，通过民意调查发现问题，然后要从数据分析以及相关人员的采访中发现问题并进行总结；最后，提出可行性建议，完成调研的既定目标。

四、研究的步骤

（一）实施阶段

1. 实地调研

团队在 2012 年 11 月至 2013 年 9 月期间，以问卷填写的方式和访谈调查的方法调查了北京市通州区天赐良缘小区和丰台区水岸家园小区上百位老人，以及通州区胡各庄敬老院和北京市第一福利院的养老现状。

2. 相关部门人员采访

团队前往海淀区民政局了解了北京市养老政策现状，了解其改革进度以及相关政策措施。

（二）总结阶段

1. 问卷整理及分析

对回收的问卷进行有效性筛选，并对有效性问卷进行数据整理和总结分析。

2. 调查和采访内容整理

对调查和采访的内容进行综合整理，总结调查研究的成果。

五、研究的结果分析

（一）入住敬老院的原因

在调查中我们发现，老人"自己选择"入住敬老院生活的占较大比例，为 37%；入住敬老院是"孩子们的意思"的占 20%；因健康原因入住敬老院的有 14%；还有 10% 的老人是自己和孩子们都主张入住敬老院生活；另外

2％的老人是由于身体问题或自己选择，或子女选择住进了敬老院；还有一些老人由于如家中房屋不够住、拆迁等其他原因住进了敬老院。

老人入住敬老院的原因如图1所示。

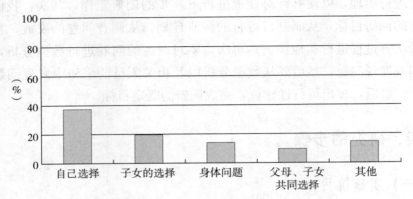

图1　老人入住敬老院的原因

老年人随着年龄的增大，身体机能逐渐衰退，身边往往需要有人看护，而子女面临工作和家庭的压力，一方面在照料老人方面常常是"有心无力"，面临着很多困难；另一方面，有些老人与子女之间还存在着观念、生活方式、生活习惯不同的问题；同时，很多老人也怕由于自己的身体而影响子女的生活，为他们带来麻烦，因此自己选择住进敬老院的老人在我们这次调查中的所占的比例是最大的。

（二）对敬老院的评价

绝大多数的老人对敬老院的评价很好，占82％。66％的老人认为敬老院工作人员的服务态度好；22％的老人认为敬老院在社区内，很近很方便；还有一些老人觉得在敬老院里气氛比较融洽、朋友变多了，能和大家一起吃饭，很开心等。

老人对敬老院的评价如表2所示。

表2　　　　　　　　　　老人对敬老院的评价

对敬老院的评价	人数（人）	比例（％）
很好	82	82
一般	10	10
不好	8	8

然而，值得注意的是，那些认为敬老院"不好"的老人当中，多是身体患病，需要人照顾的老人。身体健康的老人都认为敬老院好，而在身体有病的老年人当中，认为敬老院不好的达到了 8.9%。当老人身体有病时，他们的照顾需求更大，而目前敬老院的护理人员还不能完全满足这一需求。因此，随着人口老龄化趋势的加剧，日后发展养老设施，护理照料是一个亟待加强的重要方面。

六、研究的成果

（一）总结发现我国的养老机构存在的问题

1. 养老机构发展遇到瓶颈

首先是设备老化问题，北京市现有的养老机构多建设于二十世纪七八十年代，房屋结构和屋内设备已经面临严重老化，发挥功能的效率在迅速降低；其次是北京市近几年高涨的房价，使新建和扩建养老机构的成本非常巨大，扩大养老机构的空间并不是理性选择。就北京市整体而言，北四环内三四万／平方米的房价，拆迁成本太大。因此，我们认为成本是导致北京市内的养老机构数量将在长时间内没有明显增加的重要原因。

2. 部门利益导致针对养老机构的优惠政策难以落实，加大了养老机构的运行成本

北京市政府曾经出台过有关条例，要求服务性机构土地资金享受优惠，但是这些政策至今没有落实。北京市海淀区民政局解释，北京市确实有过要求福利性服务机构在土地、水电等费用上享受优惠标准。但由于牵涉部门太多，中间的部门利益难以调解，造成这项条例至今难以落实。此外，市政府会定期对养老机构进行按床位补贴，但针对不同性质的养老机构，补贴的费用标准不一样，一般对民营养老院的补贴额度会低一点。

3. 养老服务缺口大

2011 年年底，全国各类养老机构的养老床位 315 万张，床位数占老人总数比例仅为 1.77%。在北京，每百名老人仅拥有 2.9 张床位。这意味着至少97% 的北京市养老问题不能靠养老机构得到解决。

4. 养老院本身服务单一

在我们调查的两家敬老院中，都只提供饮食、住宿、起居的服务，多数护理人员缺乏与老人的交流，老人往往在社会志愿群体到敬老院服务时，才

有机会参加活动，与其他人交谈。因此，要通过各种方法在有限的成本内增加敬老院的服务内容。

5. 养老机构费用设定不科学

养老机构收取的费用成为社会关注的焦点，通过调查我们发现，有 38% 的人认为养老机构不好是因为收费太高，在我们去的两家敬老院，收费标准多为每月床位费为 1500 元左右，还有伙食费、设施使用费、护理费等，冬季会有每月 300 元的取暖费。在调查中我们发现 44% 的子女每月支付老人的养老费用大概为 800～1000 元，另外有 64% 的老人有退休金。因此，大部分城区老人是可以接受的，但郊区老人收入较少，许多贫困老人不能享受机构养老。

各养老院收费情况如表 3 所示。

表 3　　　　　　　　　　各养老院收费情况

养老院名称	项目位置	建筑面积（m²）	床位数（个）	价格（元/月）
北京昌平玉福园敬老院	小汤山大柳树环岛向北 1km	12000	700	1200～1850
馨园老年公寓	北京市丰台区马家楼桥北花神街公园内	10000	500	2500～5500
北京市密云县益寿敬老院	密云县兴云路季庄农贸市场北侧	1325.3	136	900～1800
北京市朝阳区兴爱养老院	北京市朝阳区十八里店乡大武基村	3200	240	2000～5000
北京鸿福老年护理院	北京市房山区阎村镇大董村七里临 10 号	8700	150	1500～2600
北京市海淀区和熹会老年公寓	北京市海淀区冷泉林语山庄二区 15 号楼	22300	400	3000～5000
牛街民族敬老院	北京市西城区（原宣武区）牛街东里二区 4 号楼	11000	220	1880～5280
北京市西城区什刹海宁心园老年公寓	北京市西城区鼓楼西大街新开胡同 21 号	5000	200	3000～5000
北京市平谷区兴谷老年公寓	北京市平谷区平翔路 18 号	10000	374	1200～2500

数据来源：北京市民政局信息网，2013 年 6 月更新。

6. 养老院的地域分布不均衡

床位紧张的养老院基本上都集中在北京中心的"城六区"（东城区、西城区、朝阳区、海淀区、丰台区、石景山区），具有品牌优势的北京市市属的四家养老院（北京市第一社会福利院、北京市第四社会福利院、北京市第五社会福利院、汇晨老年公寓）和"北京市首家四星级敬老院"——海淀区四季青镇敬老院，这五家养老机构床位都十分紧俏，排队现象严重。而在远郊区县，养老院床位却相对比较宽松，甚至床位闲置的情况广泛存在。

7. 民营敬老院受到冷落

一方面，政策内容对民营敬老院态度谨慎，造成民营敬老院享受的支持要少于其他敬老院；另一方面，由于没有一个统一的民营敬老院管理或代表机构，造成民营敬老院的意见和问题无法有效传达至政府，敬老院之间各自为营，缺乏交流，缺少一个经验共享的平台。民政局的工作人员认为，民营资本会成为北京市养老机构的主力，但现在明显缺少对民营资本的引导和帮助，无论是政策还是政府官员，都倾向于自己下属的养老机构，政府给民营敬老院下的"空头支票"已经让他们觉得"被排除在外"。

（二）对策及建议

1. 充分利用现有媒体、法律法规树立敬老、养老的社会风气

通过电视、报刊等新闻媒体宣传尊老、敬老、爱老、助老优良传统和先进事迹，使之成为全社会的自觉行动。人格上尊重，满足自尊的需求。尊敬老年人，适当满足老年人的需求，是一种传统美德，也是老年人的心理需求之一。

2. 完善养老保险制度

从国外的成功经验来看，养老保险制度越完善、服务越到位，投保者的热情就越高，保险基金也就越充足。做好宣传工作，从政策实施细则、工作流程等方面进行培训，提高工作人员素质，并充分利用各项媒体深入做好宣传和指导工作，做到认真、耐心、负责，尽最大努力做好本职工作，受惠于民。

3. 加强专业化建设，提高养老服务水平和质量

社会化养老服务涉及生活照顾、精神安慰、心理调整、康复护理、临终关怀、紧急救助等方面，从业人员需具备一定的专业知识和职业道德。因此，要注重对高素质人才的培养和储备。专业人员队伍建设要与再就业工程相结

合，通过招聘社区下岗失业人员，组织专业培训，推行持证上岗，为社区老人提供生活照料、护理和陪护专业化服务，满足老人的不同需求。要整合社区人力资源，大力发展社区志愿者队伍，建立老人自我养老服务队伍，利用老年人同老年人容易沟通的优势，结成助老服务对子，自己管理自己，自己服务自己，变消极、被动养老为积极养老，实现"老有所为和老有所乐"。

4. 发展社区养老和机构养老结合的方式，缓解养老机构压力

以社区养老为重点，建设以社区为核心的居家养老模式。养老机构与家政公司结合，推行上门服务式的养老，护理人员上门给老人提供生活照料等基本生活服务，开展新型养老服务，如社区食堂、代购等形式，让老人既得到良好照顾，又可以在闲暇之余到社区参与其他文化娱乐生活。

在我们调查的北京籍老人中，超过 70％的老人有养老金和退休金，多数老人也已经参加养老保险，稳定的收入下老人们对自己日后的养老问题不是很担忧，且这部分收入足以用于日后雇用家政人员。因此，开展以家政人员上门服务的居家养老模式在资金上具备可行性。也许是因为收入有保障，调查的老人对机构养老多数持不情愿态度的，他们更愿意选择在家里面养老，所以我们确立的社区为养老模式得到了老人的主观支持。

5. 改进机构养老

将机构养老作为解决北京市郊区养老问题的主要办法。在这种模式下，政府可以通过补贴建设更多数量的敬老院并降低敬老院的收费标准，以实现对更大数量老人的养老，较好地解决了郊区老人收入低，没有钱养老的难题。将那些空巢老人集中起来，便于社会了解这些老人的生活状况，老年人的权益也会获得更大的关注。

增加养老机构数量，提高养老服务水平，努力实现"六个老有"的目标。要将郊区养老机构定位在满足老人基本生活和医疗保障上，将养老群体重点放在半自理和不能自理的老年人身上，在此基础上追求丰富老人的精神文化生活，维护老年人利益等目标。

参考文献

[1] 张恺悌，郭平．中国人口老龄化与老年人状况蓝皮书［M］．北京：中国社会出版社，2010.

[2] 王树新. 北京人口老龄化与养老 [M]. 北京：中国人口出版社，2008.

[3] 杜鹏. 人口老龄化与老龄问题 [M]. 北京：中国人口出版社，2006.

[4] 戴建中，高勇，冯晓英，等. 北京社会发展报告（2009～2010）[M]，北京：社会科学文献出版社，2010.

[5] 朱青，郭雪剑. 养老保障多支柱养老体系下的公共养老金计划 [M]. 北京：中国社会出版社，2007.

感 想

千里之行，始于足下，在经历了这次社会实践后，我更加深刻地认识到我们要想更好地认识社会，就必须要到社会中去。

人的一生中，学校并不是真正永远的学校，而真正的学校只有一个，那就是社会。通过这次社会实践，我们领悟到很多东西，这些东西让我们终身受用。我们这次的课题主要是关于养老院的，在此期间我们走访了多家养老院，并且进行了深入的调查与研究。尽管在调查研究的过程中遇到了很多问题，也有很多不能当场解决的问题，时常也感到很无助、很尴尬，但是有一个积极团结向上的团队，一切问题都不再是问题。我们小队的几个人在一起虽然有摩擦，偶尔也会有些争执，可我们大家好像很有默契似的，即使有不同的意见或是见解，都会相互体谅和比较，最终得到一致的答案。

在调查研究的过程中，我们认识到老人对孩子们的要求并不多，我们能为老人们做的却有很多，关心自己身边的老人，把爱与关怀带给他们，这对他们来说已经足够了。

学科类别：经

我国商业银行个人理财产品风险研究

学生姓名：田芸　周璟　张金琦
教师姓名：陈景同　讲师

摘　要： 经济的快速发展必然会带动金融产品发展，在过去这十年中，我国商业银行的个人理财业务发展速度迅猛，但发展中也出现了很多问题，诸如零收益甚至是负收益等现象。本文就我国商业银行理财产品的发展情况及发展过程中存在的主要风险做相应分析，并选取代表性产品进行分析，最终提出相应防范风险的对策。

关键词： 商业银行；个人理财；风险

一、背景

我国第一个人民币理财产品是在 2004 年推出的，光大银行的这一举动带动了我国商业银行理财产品的发展，民生银行等商业银行也陆续推出了自己银行的理财产品。我国商业银行个人理财产品业务发展迅速，尤其是近两年，理财产品规模呈直线发展趋势，截至 2013 年 6 月，已经达到 9.85 万亿元（见图 1）。

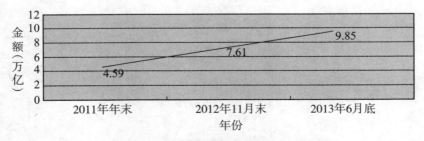

图 1　2011—2013 年银行理财产品规模折线

银行家们认为，随着居民储蓄的不断增加（见图2），越来越多的人有能力购买理财产品，但是由于很多原因，并不是所有商业银行个人理财产品都能够达到预期年化收益率的，理财产品也存在投资风险。要想使理财业务发展得更好，我们应当考虑银行所面临的风险，这样才能使投资者降低投资风险。介于以上原因，我们小组成员决定探究个人理财产品中存在的风险，以此来更好地控制风险。

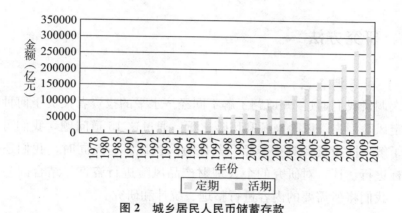

图2　城乡居民人民币储蓄存款

二、方案论证

（一）低于预期收益率的理财产品（见表1）

表1　　　　　　　　　　　低于预期收益率的理财产品

名称	理财产品名称	投资期限	到期日期	产品类型	预期年化收益率（%）	实际收益率（%）
浦发银行	2006 提汇理财 2006 年第 9 期 F2	1 年	2007 年 12 月 28 日	股票挂钩型	16	0
民生银行	2006 年非凡理财 人民币第 12 期	2 年	2008 年 12 月 8 日	股票挂钩型	7	0
招商银行	2007 年"锌锌向荣" 美元理财计划 8100	6 个月	2007 年 11 月 23 日	期货持钩型	20	0
中国银行	"汇市争锋" 2012 年 5 月 第二期产品 BY12087	36 天	2012 年 7 月 6 日	挂钩汇率	4.5	1.5

（二）具体原因分析

以中国银行"汇市争锋"2012 年 5 月第二期产品 BY12087 为例，此产品的观察水平的期初价格是－65，而它的期初价格是＄1571.08，观察水平是＄1506.08，但是最终的最低值仅为＄1531.49。其主要原因是多数银行理财产品期限过短，多为 1～3 个月，但这些产品很难一直准确地判断标的资产的走势和波动情况，这是很多产品的通病。

三、研究方法

（一）问卷调查法

本次调研我们通过 15 道题了解不同经济水平的投资者投资于何种投资风险，确定风险因素、风险来源和风险比重。通过这 15 道问题，我们可以较为清晰地了解不同投资者对于产品及其风险的认识。与此同时，我们还针对选定的目标进行访谈，对研究的个人理财产品风险进行咨询。结合问卷和咨询的结果，我们将所需要的内容进行整理、统计和研究。

（二）文献研究法

文献法是一种非常实用而且普遍的方法，我们可以学习并借鉴前人的研究成果来为我们的研究提供帮助。在查阅资料的过程中，我们学习了解个人理财业务的相关知识，也使我们弥补了自己在这方面的欠缺。经过进一步了解，我们确定了具体研究方向，这有助于观察和访问。通过此项方法使我们将现实情况与历史数据进行对比，得到更为全面的资料，帮助我们了解事物的全貌。

（三）定量分析法

此方法是对研究的对象有一个量的认识，我们运用这个方法更加明了地认识了理财产品，这有助于我们确定风险种类。与此同时，更加准确地掌握个人理财业务风险的本质，在现有的防范基础上提出更为有效的解决对策。

（四）个案研究法

此次我们研究的主要调查范围是北京市经济繁荣区，我们走访了王府井的广发银行，西单的光大银行，朝阳区的工商银行以及海淀区的建设银行，通过这几个具体的银行我们了解到了更多商业银行理财产品的信息，为我们的研究提供了很大的帮助。调查过程中我们针对这些银行特定年龄范围的对象进行调查，归纳整理相关信息。

四、研究结果

经过调研，我们将收集到的资料进行整合，归纳了个人理财产品的主要风险，具体表述如下。

（一）宏观风险

1. 市场风险

由于市场价格的不稳定性，在一定程度上会影响所投资资产的收益，从而给银行带来一定的损失。市场风险主要体现在利率和汇率两方面，因此我们主要研究这两个方面的变动情况。

（1）利率风险。我国的资本市场发展速度较为缓慢，如果债券的收益率下降，那么银行的收益空间就会缩小，银行的套利风险就会产生。

（2）价格变动风险。当商业银行把投资者的资金投入资本市场时，一旦市场价格发生变化，就有可能遭受严重的损失。我们应该看到市场价格的变动是息息相关的，例如货币市场的价格变动有可能引起黄金市场价格变动。

（3）汇率风险。目前，我国有严格的浮动汇率管理制度，这一制度使得汇率受到市场和政府两方面的影响。一是市场供求关系；二是政府财政政策和货币政策，而且变动幅度很难预测。

2. 供需风险

从供需角度来看，主要风险来自于以下三个方面。

（1）数量：目前我国商业银行个人理财产品的数量过少，我国所推出的合规产品与世界各大银行相比，相差至少两万多种，这个数字不能不让我们反思。

（2）种类：由市场的发达程度我们可以看出，我国的理财产品种类过少，人们还是习惯于传统的产品，因此银行需要创新出更多适合于我国投资者的产品，丰富产品种类，降低此类风险。

（3）设计：我国商业银行为客户提供的产品类型与客户的意愿有时不相

同，在现有的基础上银行未能向客户提供符合需求的产品，因此我们应当根据客户自身特点，为其量身定制产品（此次调研中我们将不同年龄层作为划分依据）。

（二）微观风险

1. 操作风险

（1）管理风险。银行管理人员对相应的金融产品的知识和技能等方面的因素都会对市场行情的预测产生一定的作用，进而影响理财产品的收入。

（2）法律风险。主要包括：①没有进行合规的风险揭示和信息披露；②未进行证据保留；③宣传和销售中的法律风险。

（3）信誉风险。根据调查，有很大一部分买理财产品的客户都是年纪偏大的人，他们将钱购买理财产品是希望能获得更多收益，但是银行的收益率为年化收益率，有时还未能达到，所以在一定程度上存在信誉风险。在进行产品推广时有些也没有清晰的产品风险提示，或者是语句模糊，有诱导投资者的嫌疑。这些方面都有可能使投资者损失一大笔资金。

2. 流动性风险

因为不允许赎回或提前终止，如果一个投资者急需投资资金，他将只能通过银行贷款的方式获得资金，这在很大程度上为投资者带来不便。

为了得知客户对我国商业银行个人理财产品风险了解的情况，本小组做了一份调查问卷。调查对象是银行的 200 位客户。在课余时间，本小组成员走访了部分商业银行，并最终完成了调查问卷。经过我们的不懈努力，得到了以下分析结果。

从 200 个调查对象的数据分析得知，30～40 岁年龄段是理财的主要群体，占比约为 40％。其次是 30 岁以下的人群。在调查对象中有接近 130 人购买了理财产品。根据数据可以得知我国居民普遍具有理财意识，并且理财年龄趋向于年轻化。

大部分客户对个人理财产品是什么表示"仅仅知道一点"，有的甚至是"不了解"。具体情况如图 3 所示。

调查数据显示，客户对市场风险比较了解，其次是流动风险，但是对于操作风险和供需风险有很大部分客户是不知晓的，客户对于防范风险方面也没有很好地认识。具体情况如图 4 所示。在对个人理财产品问题调查中普遍存在的问题是品种比较单一，具体情况如图 5 所示。银行需要开发创新出更

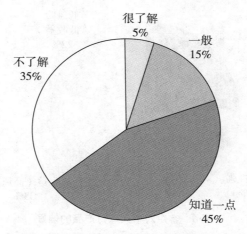

图3 客户对个人理财产品的了解程度

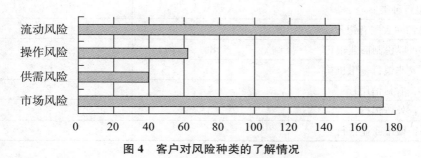

图4 客户对风险种类的了解情况

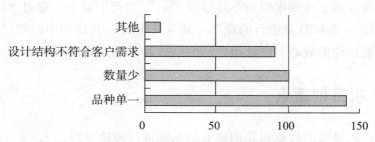

图5 个人理财产品存在的问题

多的产品才能够更好地发展理财业务。

　　根据数据显示，高收益对客户的吸引力更大，但是其他三个选项低风险、强流动性、灵活期限分别占比22％、21％和24％和高风险相比较差距不大（见图6）。客户能接受的回报期普遍在三年内，占47％，其次是一年内，占39％，说明客户对产品的流动性要求很高。

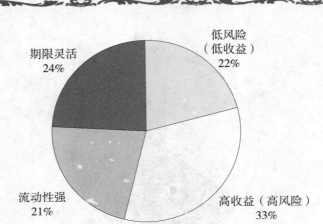

图6　客户对个人理财产品的偏好

表2　　　　　　　　　　　客户对银行的选择

银行种类	人数（人）	占比（％）
A：四大国有银行	88	44
B：股份制商业银行	82	41
C：非银行金融机构	21	11
D：农村信用社	4	2
E：外资银行	3	2
F：城市商业银行	2	1

在"更倾向于在哪家银行办理理财产品"调查中显示，超过85％的客户更愿意选择A类和B类银行的理财产品（见表2）。在访问中得知，客户认为这些银行更让他们放心。在这里银行的信誉起了很大的作用。

五、项目创新点

（1）选取最新的数据对我们研究的问题进行理论支持。

（2）在对我国商业银行个人理财产品的风险划分方面，我们项目组主要从微观和宏观进行分析。

（3）我们在研究个人理财产品风险时，将调查人群划分年龄层，对不同的年龄对理财产品的需求方向也做了分类。

（4）就我国商业银行如何防范个人理财产品风险方面，我们针对个人、银行和政府三个方面给出了各自的解决对策，希望能够更加有效地针对不同

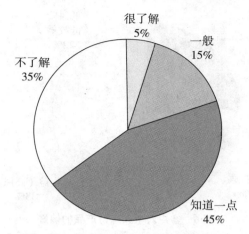

图 3　客户对个人理财产品的了解程度

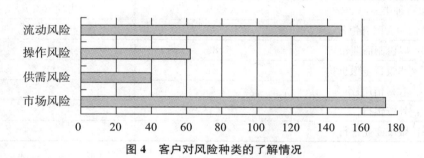

图 4　客户对风险种类的了解情况

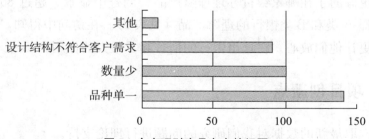

图 5　个人理财产品存在的问题

多的产品才能够更好地发展理财业务。

根据数据显示，高收益对客户的吸引力更大，但是其他三个选项低风险、强流动性、灵活期限分别占比 22％、21％、24％和高风险相比较差距不大（见图 6）。客户能接受的回报期普遍在三年内，占 47％，其次是一年内，占 39％，说明客户对产品的流动性要求很高。

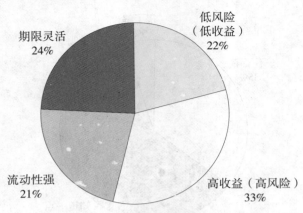

图 6　客户对个人理财产品的偏好

表 2 客户对银行的选择

银行种类	人数（人）	占比（%）
A：四大国有银行	88	44
B：股份制商业银行	82	41
C：非银行金融机构	21	11
D：农村信用社	4	2
E：外资银行	3	2
F：城市商业银行	2	1

在"更倾向于在哪家银行办理理财产品"调查中显示，超过 85％的客户更愿意选择 A 类和 B 类银行的理财产品（见表 2）。在访问中得知，客户认为这些银行更让他们放心。在这里银行的信誉起了很大的作用。

五、项目创新点

（1）选取最新的数据对我们研究的问题进行理论支持。

（2）在对我国商业银行个人理财产品的风险划分方面，我们项目组主要从微观和宏观进行分析。

（3）我们在研究个人理财产品风险时，将调查人群划分年龄层，对不同的年龄对理财产品的需求方向也做了分类。

（4）就我国商业银行如何防范个人理财产品风险方面，我们针对个人、银行和政府三个方面给出了各自的解决对策，希望能够更加有效地针对不同领域提出有效对策。

参考文献

［1］付雨旋．论银行个人理财产品［J］．中国市场，2013（45）．

［2］金芬芳．浅议商业银行个人理财产品的供求现状［J］．金融经济，2013（24）．

［3］孙玲．商业银行个人理财产品存在的风险及对策［J］．时代金融，2013（11）．

感　想

经过一年的项目实践，我们收获颇多。从刚开始学习如何确立项目名称到一步步完成项目计划，我们的各项能力都得到了很大程度的提升。

我们小组确立的题目是"我国商业银行个人理财风险研究"，这个题目与我们所学的专业相符合，同时也是我们感兴趣的研究方向。在完成此次项目期间，我们学会了如何多角度研究问题，从宏观到微观，对问题进行多角度分析。不仅如此，在此次项目活动中，我们分工明确，各司其职，达到了很好的默契。虽然是第一次参与项目，但我们非常认真地准备。不论是在材料的收集、知识的学习还是出外调查，我们小组都合作默契，组员之间的工作都完成得很好。每个人的能力都得到了很好的提升，即使在某个问题上出现了分歧，大家也能很好地协商并最终达成一致。

总之，对于此次项目研究，我们每个人都收获颇丰。尤其是对待不同的问题我们的思维开阔了，而且能在简单的问题上延伸出新的问题，能够不断发现新问题，并努力去解决问题，这为我们今后的工作奠定了良好的基础。非常幸运能在此次活动中有所收获，希望在今后的生活中我们能发挥自己的优点，更好地创新与发现。

学科类别：管

关于北京市家政从业人员的现状调查

学生姓名：杨新桐　袁梦鸽　武雅彤　李慧君　王闯

指导老师：徐有智　讲师

摘　要： 随着居民生活水平的不断提高，城市生活节奏的日益加快，社会对家政服务人员的需求也随之增加。然而与之相矛盾的是，家政服务人员存在年龄、素质、学历等各个方面的差异，并且技能水平要求普遍较低，人员数量供不应求。通过此次调查，我们旨在引起社会对家政服务人员从业现状的重视，提高他们的技能，帮助他们提升社会幸福感。

关键词： 家政人员；从业现状；雇主

一、调查背景

近些年，随着我国经济结构和消费结构的日益发展，家政服务业对大家来说已经不再是一个陌生的词汇。作为第三产业中一个重要的组成部分，其发展既是产业结构调整和市场经济发展的必然结果，又顺应了家庭服务消费需求上升的状况。

随着居民生活水平的提高和城市生活节奏的加快，家政服务被越来越多的城市居民所接受。家政业也越来越多地走进了我们的生活。党中央和国务院非常重视家政业在扩内需、调结构、促就业方面的重要作用。它不仅关系到农村剩余劳动力的转移与农村家庭的收入问题，更关系到当前中国社会和经济环境的稳定。

然而，发展时间较短的家政业还存在着许多问题。缺乏发展规划，市场竞争无序，总体上较为混乱。针对上述情况，项目组通过发放调查问卷、随机访谈等方法，对北京市的家政服务人员现状进行了系统调查，并对调查数据进行深入分析，并利用分析的数据结论寻找相应的对策，为管理部门提供政策依据，促进家政业的持续健康发展。

二、数据分析

此次调查主要采用问卷法和访谈法两种方法。在调查中，我们共发放185份调查问卷，收回179份，其中有效问卷160份。调查中，受访者来自北京市不同的区县，从事保姆、保洁、维修工、育儿嫂、月嫂等多种不同的家政服务工作。由于此次调查中受访者数量有限，调查所得的数据分析结果可能与实际情况有所偏差。

在此次160位受访者中，女性受访者有132人，占全部受访者的83%；男性受访者有28人，占17%（见图1）。

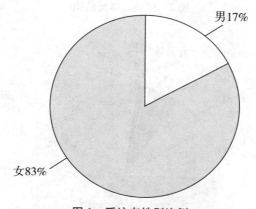

图1 受访者性别比例

（一）家政服务人员受教育程度普遍较低

160名受访者中，小学学历的有30人，占全部受访者的19%；初中学历的有98人，占全部受访者的61%；高中学历的有26人，占16%；大专及以上学历的有6人，占4%（见图2）。

（二）受访者工作类型比例不平衡

此次的调查中，保姆和保洁人数不相上下，分别为59人、60人，占到总人数的37.5%，在家政服务行业中，仍然占有很大的比重；护工人数有14人，占到总人数的8.75%；维修人数11人，占总人数的6.8%；老师、育儿嫂、司机、楼管等职业仅占总人数中极小的比例（见图3）。

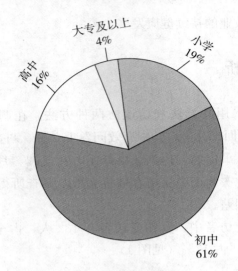

图 2　受访者学历结构

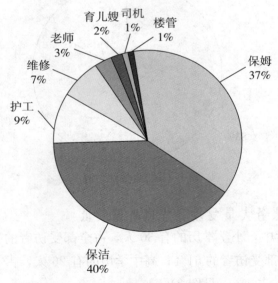

图 3　家政服务工作类型

（三）家政人员的求职路径十分受限制

家政服务人员有四成是通过朋友介绍，这种方式属于间接渠道，由此可见，家政服务人员了解市场的途径十分有限，再加上家政服务这一行业普遍规模较小，缺乏有效的业务宣传，也会导致家政服务人员在就业方面存在很大的问题。同时好的公司也难获取有效的需求信息。这种消息不对称导致家政服务人员找不到合适的家政服务公司。相关数据分析如图 4 所示。

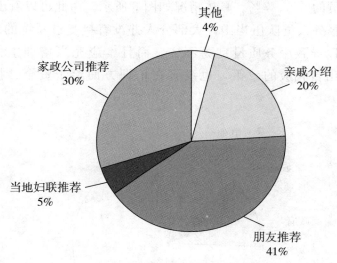

图 4　求职渠道统计

（四）受访者中接受培训人数比例小

在 160 位受访者中，接受过培训的仅有 98 人，占全部受访者的 61％；而有 62 人未接受过任何培训，占全部受访者的 39％，如图 5 所示。

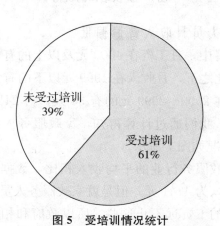

图 5　受培训情况统计

那么，这些接受过培训的 61％的家政服务人员他们是受到哪一方提供的培训呢？与我们所预期的相同的是，绝大多数家政服务人员所受培训来自其所从属的家政公司的有 77 人，占接受过培训人员的 79％。另外，有 6 人接受过政府相关部门提供的培训，7 人接受过妇联提供的培训，分别占接受过培训人员的 6％、7％。具体情况如图 6 所示。由此可以看出的问题是：在中国家政服务人员队伍当中，大部分人并没有接受过系统的培训，培训率较低，所以导致服务质量良莠不齐。而且本应充当培训主力军的政府部门也没有出台相应的政策，也没有在培训方面给予资金、技术上面的支持。

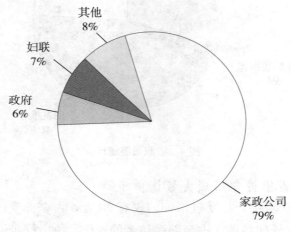

图 6 提供培训的机构

（五）家政服务人员月收入普遍偏低

160 名有效受访者中，月工资在 4000 元及以上的有 51 人，占全部有效受访者的 31.87％。相比之下，月收入在 1999 元以下的有 26 人，占有效受访者的 16.25％。月收入在 2000～2999 元的有 38 人，占 24％；在 3000～3999 元的有 45 人，占 28％。我们通过计算得知，家政服务人员的加权平均收入是 3178 元。具体收入情况如图 7 所示。

与去年北京市家政服务行业的平均收入相比，数据显示：去年北京市家政服务人员的平均收入为 4741 元，但是就家政服务人员所具备的技能、工作强度来看，应该得到的工资远不止这些。所以政府和相关部门需要加大对家政服务行业的支持力度。

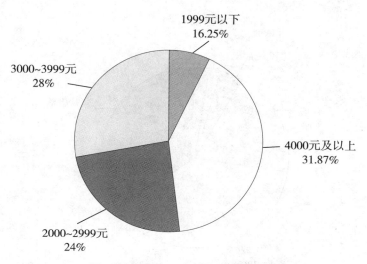

图 7　家政服务人员月收入情况统计

（六）受访者的工资支付方式

本次调查显示，有 33 人的工资支付方式是由家政公司支付，占总人数的 20％；有 71％的家政服务人员是直接从雇主手中直接拿到薪酬的；雇主支付的工资按照一定比例返还家政公司的人数为 7 人，占本次调查的 0.4％；雇主支付的工资按照一定数额返还家政公司的人数为 5 人，所占比例为 0.3％。这种方法简便快捷，雇主也可以结合家政人员的表现给予其一定的奖励，减少了家政公司这一中间环节，更加利于雇主和家政人员的交流和融合。

（七）受访者与雇主的关系

接受此次问卷调查的 160 名有效受访者中，60 人表示和雇主相处关系非常融洽，有 60 人表示与雇主关系比较好，两者占总人数的 75％；仅有 10 人表示与雇主关系十分紧张，仅占总人数的 6.25％。这也说明，家政服务人员整体素质普遍较高。相关数据分析如图 8 所示。

（八）受访者对工作的满意程度

接受此次问卷调查的 160 名受访者中，67 人是由于收入太少而对现在的工作不满意，占 42％；50 人表示对目前工作不满意的原因是工作时间过长，占总人数的 31.25％；其他 19 人感觉在雇主的关系处理上非常不满意，大概占 12％。相关数据如图 9 所示。

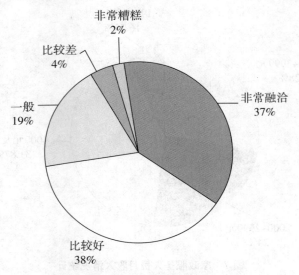

图 8　家政服务人员与雇主关系分析

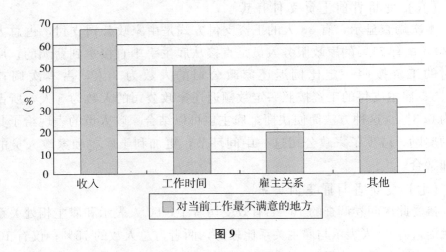

图 9

（九）受访者选择家政行业的原因

此次调查中，有 8 人选择从事家政服务行业的原因是收入高，仅占总人数的 5％；有 11 人认为家政工作十分轻松，竞争压力较小，比例仅占 7％；33 人认为收入比较稳定且收入有保障，占总人数的 21％左右；有 56 人则认为技术水平比较单一，只能选择家政服务行业，而这一人群占总人数的 35％；因为门槛较低、求职过程简单和其他职业受年龄限制原因的人数分别有 28 人、24 人，占总人数的 17％和 15％。相关数据分析如图 10 所示。

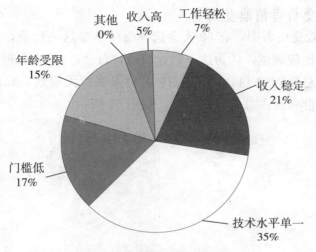

图 10　选择家政行业的原因

（十）受访者对家政行业的看法

家政服务人员对家政服务这一行业到底存在怎样的看法呢？此次实践调查数据显示，57.5％的人表示不会介绍自己的朋友或亲戚来家政公司上班；42.5％的人表示对现在的工作很满意，家政服务这一行业前景不错，会介绍自己的朋友或者家人来从事这一行业。具体情况如图 11 所示。

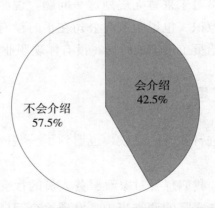

图 11　是否会介绍自己的亲戚朋友从事家政

访谈过程中，我们也获得一些信息，多数人不愿意将介绍朋友亲人来的原因是"被人看不起""社会地位低"。所以家政服务人员应树立正确的观念，同时也要求我们对家政服务人员要有一个客观正确的评价。

（十一）受访者的职业规划

160名有效受访者中，有58人会选择继续从事这一行业，这说明他们对现在的工作还比较满意，认为这一职业很适合自己；有23人想要转行到别的行业，大概占总比例的14%；还有79人对未来暂无规划，只能选择保持现状，而这一人群将近占总人数的一半，如图12所示。

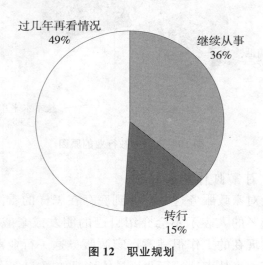

过几年再看情况 49%
继续从事 36%
转行 15%

图12 职业规划

针对家政服务人员对未来暂无规划这一问题，说明他们平时没有考虑自己未来的职业取向的意识。也说明家政公司在平时没有对家政服务人员进行职业规划的教育，在给员工培训的时候，没有体现职业规划这方面的内容。

三、思考与反思

在我们调查小组进行调查的时候，也遇到了一些问题，同时自身也有许多的不足。

（1）在调查初期，我们想要对家政服务人员的社会地位和社会被尊重度进行深入的调查，但在实际的调查当中，发现这个问题并没有可实施性，因为大家对这个问题并没有一个相对明确的标准，这也体现出在这个问题上，我们没有把理论和实际相结合。

（2）在调查问卷的设计上也出现了失误，比如我们想了解家政人员每天工作的时间，但有些家政人员是长期住在雇主家或者只是在特定时间为其服务，所以其工作时间并没有一个固定的时间段，这也就导致我们并没有在这个问题上得到相应的准确数据。

（3）除此之外，在一些细节上我们做得也不是特别好，比如在问卷发放和调查的时候，没有与家政人员拉近关系，没有得到他们心底最真实的想法，倾听到他们对自己的职业的观点。

（4）在访谈中，我们的问题略显粗略，不够细致，没有问到现在家政服务业最本质、最深处的东西。

综上所述，在以后的调查中，我们一定要把理论和实际相结合，要学会给被调查者营造一个轻松、欢乐的气氛。要更加注重细节，要抓住问题最本质的东西，要在调查之前做好充分的准备，做到有备无患，游刃有余。

四、建议及措施

（一）提高家政服务人员的收入水平

随着市场经济的不断发展，人们生活水平的不断提高，人们生活节奏的加快及生活压力的加大，越来越多的人渴望摆脱家务劳动的束缚；同时社会进入老龄化阶段，许多家庭中的老人孩子需要照顾，使家政服务人员成为备受关注的人群。而家政行业是一个新兴产业，由于收入较低或人们的传统观念导致愿意从事此工作的人较少。中国劳动力市场中劳动力供不应求的现象决定了提高收入水平是今后的必然趋势。

（二）政府应积极引导帮助，不断促进家政行业的发展

目前家政行业存在很多问题，例如社会对家政服务行业的看法造成人们不愿意从事此行业，供需双方的权益不能得到保障，存在用户需求的不断提高和服务人员技能缺乏的矛盾。政府应大力宣传家政服务行业，宣扬家政服务是值得尊重的劳动行为，是高尚的、伟大的，不断提高其社会地位，改变人们的传统观念，吸引越来越多的人加入到这一行业。同时政府也要组织相关的技能培训，鼓励越来越多的家政服务员参加培训，不断提高其职业技能，并给予资金上的支持，使其适应社会的需要。

政府还应制定统一的考核标准，为通过考核的家政人员颁发国家承认的资格证书，例如家政服务人员资格认证、五星级家政服务人员，把这项工作当作一项正式的工作来推广，以鼓励更多的人加入这一行业，同时也可以缓

解社会就业压力大的问题。

（三）家政公司应该加强其自身的规范化

由于家政行业在我国是一个新兴产业，各方面还不成熟，存在很多亟待解决的问题。现在大多数公司采取的是中介制管理模式，当雇主交完中介费帮他找到家政服务人员，从业人员交完服务费找到工作后，基本和家政公司就没什么太大关系了，家政公司应该逐步实行员工制管理模式，建议家政公司把家政公司办成管理制度严格规范，集招聘、培训、绩效考核、跟踪管理与服务的企业实体。使公司成为用户信赖的组织，员工自己依赖的家。公司通过严格管理、系统培训，进行定期和不定期考核，奖优罚劣提高员工素质，稳定队伍，以鼓励家政服务人员更好地工作。

参考文献

［1］赵树海，王喜云，刑林和．北京市家政服务业从业人员状况的研究分析［J］．北京行政学院学报，2011（1）．

［2］张珠银．促进我国家政服务业和谐发展的对策研究［J］．理论学习，2009（1）．

感　想

身为劳动与社会保障专业的大三学生，在徐有智老师的指导和带领下，我们终于完成了这次"关于北京市家政服务人员从业现状的调查"的大学生科研项目。

回想起这次项目的点点滴滴，有过挫折，有过欢笑，我们小组5位同学也从中收获了很多。我想这不仅仅是专业知识上有所增长，更是一种对我们能力个性的磨炼。今后，我们可以负责任地说，我们对这个行业、对社会都有了更深入的了解和认识。

还记得项目之初，5个人在一起起草项目申请，多次修改之后才得到了徐老师的认可递交到学院，之后便是问卷编制，访谈提纲撰写，查找家政公司电话地址等忙忙碌碌的准备工作。凭着自己的一双腿，我们走进一个又一个小区去寻找家政公司，发问卷、做访谈、回收问卷，来来回回跑了好几次。

其中也碰到了不少愿意帮助我们的好心人，很感谢他们。当然，也有一些对我们的来意有疑惑的家政人员，我们也很耐心地解释。在这个阶段，我们一直在交流、联系。我们几个也从一开始的拘束而渐渐地与那些大哥大姐们有说有笑。总结数据，撰写结项报告，一次次地进行修改。可是当答辩通过的消息传来之后，感觉这一切的苦和累都不算什么，这一切的努力都是值得的。

感谢给力的队友们！感谢我们负责任的队长杨新桐！感谢为我们认真指导的老师徐有智！是我们的共同努力才最终圆满完成了这次项目，也希望我们的调研结果可以帮助更多的人。

学科类别：管

外来务工人员医保保障之初探

学生姓名：王群

指导教师：解进强　副教授

摘　要： 该文以江苏省常熟市实地调研为基础，结合我国关于外来务工人员医疗保险相关法律制度以及常熟市地方性政策，初步探究出：江苏省常熟市外来务工人员对目前的医疗保险制度基本上处于不满意的状态，大多数企业不予外来务工人员参加医疗保险直接造成大部分当地外来务工人员表达了对于现状的不满足。

关键词： 江苏省常熟市；社会医疗保险；外来务工人员；参保状况；实施效果

一、课题背景

为了更好地了解在人口红利窗口即将关闭的背景下我国外来务工人员医疗保险参保情况，研究"十二五"期间外来务工人员在医疗保障体制中遇到的问题，了解外来务工人员的参保状况和参保意识，以及在参保中遇到的问题，为外来务工人员尽我们的绵薄之力；同时能够探究我国外来务工人员医疗保险参保问题的解决方案，普及社会医疗保险的知识。锻炼当代大学生的专业知识水平，社会实践能力等各方面能力，组建大学生科研实践团队一行5人于1月15日下午从学校出发前往江苏省常熟市就当地外来务工人员的参保现状进行调研。

二、方案论证

1. 内部可行性

（1）时间可行性。全体团队成员于1月15日下午4点从学校出发，1月16—19日正式开展调研工作；1月19日晚从常熟市出发，转站无锡返回北京。因此此次活动具有时间上的可行性的。

（2）经济可行性。全体团队成员本着节俭、高效的原则进行科学调研，通过调研之前的多次讨论已将活动预算细化，尽量节省开支，这为活动的开展提供了经济方面的可行性。

（3）组织可行性。我们拥有一支良好的团队组织，各成员间建立了良好的协作关系。调研活动之前将成员分工具体化、活动规章准则制度化，并制订了合适的培训计划；此外，团队的徐心怡同学作为江苏常熟本地人，已提前联系好当地的接应部门，这些部门表示愿意配合我们的活动，将在各个方面尽可能地提供各种帮助，队伍中的劳动与社会保障专业的同学对我国社会保险制度与保险体系已有相当的了解，为本次实践活动提供了充分的理论支持；同时本队中有队长王群同学和副队长史廷虎同学负责分配协调工作，他们曾多次参加学校的各种社会实践活动，有一定的调查与分析的经验；所有同学对待工作都细致认真，十分重视此次对江苏省常熟市外来务工人员医疗保障的调查活动。我们团队在组织方面是具有很大的可行性的。

（4）实施可行性。通过社会调查课程的学习，使我们进一步掌握了调查的方法；更重要的是我们的团队组织分工明确，团队成员有一定的专业知识和社会实践经验，保证了我们这次项目实施方面的可行性。

2. 外部可行性

（1）企业用工需求回落。根据常熟市2011年人力资源与社会保障部门的官方统计结果显示：2011年全市一季度1142家抽样企业中有832家有招工需求，占抽样企业的72.85%，比上一年调查上升8.34%。招收单位增加的同时，招收总量却有所减少，说明企业用工需求有所回落。根据这个表面现象，我们可以从更加宏观的角度看出，在我国人口红利窗口即将关闭的背景下部分长三角中、小民营企业已经逐步开始从劳动力密集型企业向其他经济类型过渡。那么，在产业结构调整和企业转型过渡期内，外来务工人员医疗保险参保情况具体又会有怎样的变化，这是值得我们去探究的。

（2）调研主体工种增长放缓。根据常熟市2011年人力资源与社会保障部门的官方统计结果显示：2011年的需求主体仍集中于各类普通操作工和劳动密集型产业的服装工、电子工和纺织工这四大工种，总计需求37427人，占总需求的85.93%，比上一年回落6.97%。而在大的经济背景下，作为我们本次调研目标主体的普通操作工、服装工、纺织工占比均有增长，但增长幅度较同期相比有所放缓，分别增长10.30%、7.64%和1.62%。进一步说明随着社会经济增长的放缓以及企业用人成本不断上升，企业已经开始逐步进行升级改造，但在短期内传统工种仍是需求主体。

三、研究方法

1. 调查方法

（1）资料搜集法。资料搜集法能够帮助我们了解当地关于外来务工人员医保参保的现状，为我们最后撰写调研报告提供了理论支撑。赴常熟市之前我们的队员就在网络、图书馆查阅了大量关于外来务工人员医疗保障的资料，如报纸、书刊、杂志、电子文档等。

（2）问卷法。小组人员在前期运用社会调查方法课程中所学到的方法指导实际制卷工作，在进行问卷设计时，紧密围绕所研究的问题和所要测量的变量来进行设计，并邀请指导老师对问卷的可靠性和有效性进行问卷评价。经过反复修改，制订出完整可靠、有效的问卷。

（3）访谈法。访谈法是我们在调研中除问卷法之外常用的一种方法，通过访问者与被访问者间的交流和互动，搜集有关主观的或事实性的材料。我们的访谈法主要可以分为八步：①制订访谈计划；②编制访谈提纲；③选择访谈对象；④培训访谈人员；⑤试谈与修改提纲；⑥预约访谈对象；⑦确定访谈对象；⑧实施访谈。

我们有专职同学负责在调研过程中做好详细的笔录或者录音，在访谈之后我们进行了细致的整理、归纳、分析、讨论，为后续工作打下了良好基础。

2. 统计分析方法

一元线性回归分析。员工参保状况如表 1 所示。企业用人状况如表 2 所示。企业用人状况对员工参保的影响如图 1 所示。

表 1　　　　　　　　员工参保状况

员工参保状况	企业整体情况	代码	所占比例（%）	访谈数量（人）
参保状况	会员参保	y_1	0.00	0
缴费状况	及时缴费			
缴费基数	足额缴费			
社保管理	有专人管理			
社保信息	工资单有体现			

续 表

员工参保状况	企业整体情况	代码	所占比例（%）	访谈数量（人）
参保状况	部分参保			
缴费状况	有拖欠现象			
缴费基数	降低缴费基数	y_2	9.09	3
社保管理	无专人管理			
社保信息	工资单无体现			
参保状况				
缴费状况				
缴费基数	不参保	y_3	18.18	6
社保管理				
社保信息				
参保状况	不知道			
缴费状况	不知道			
缴费基数	不知道	y_4	72.73	24
社保管理	不知道			
社保信息	不知道			

表 2　　　　　　　　　　企业用人状况

企业用人状况	代码	所占比例（%）	访谈数量（人）
用人单位要求与员工签订合法的劳动合同，并按时为员工足额缴纳社会保险	x_1	0.00	0
单位只与部分当地户籍的员工缴纳社会保险，在与员工签订劳动合同之前通过达成口头协议，把医疗保险等相应费用直接付给员工	x_2	15.15	5
用人单位在与员工签订的劳动合同中不提及医疗保险等国家强制性法律规定	x_3	27.27	9
用人单位与员工不签订劳动合同，也不提及医疗保险等事宜	x_4	57.58	19

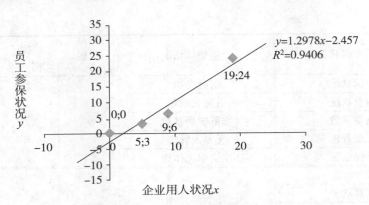

图 1　企业用人状况对员工参保的影响

四、研究结果

1. 社会及用人单位角度

《中华人民共和国社会保险法》第 77 条规定："县级以上人民政府社会保险行政部门应当加强对用人单位和个人遵守社会保险法律、法规情况的监督检查。"《中华人民共和国社会保险法》中也明确规定了用人单位应承担的相关法律责任，而我们通过调研得到数据确实没有参加社会保险的占总体调查人数 90％之多。如果地方行政单位的劳动监察部门真正做到了对用人单位的有效劳动监察，并对违反国家相关法律法规的用人单位依法追究其法律责任，那么这些违法用人单位也不会敢于视国家的法律而不顾，去承担相关的法律风险。

然而在我们走访当地社保所想要一探究竟的时候，当地的公职人员对此现象或是避而不谈，或是相互推诿，甚至有些官员边吸着烟边办公，对于我们的追问更是爱搭不理，与他们"全心全意为人民服务"的执政宗旨背离。即使像我们这样主动反映问题，当地的行政部门都没给出一个确切的答复，更不要说一些文化水平较低的外来务工人了。

我们认为地方人民政府的劳动监察部门并没有行使国家和人民赋予他们的权利与义务，更没有做好自己的本职工作，履行自己的工作使命。这充分说明了虽然我国不断完善劳动领域的法律法规并且明确了相关法律责任、监督机制等，但是部分基层政府并没有及时有效地行使自己的权利，导致部分用人单位敢大张旗鼓地按照他们所谓的雇佣准则来招聘员工，视国家的法律法规不顾而自行解决与外来务工人员的劳动关系。

因此，在我们看来，要想切实保障外来务工人员的合法权益，首先，国家立法机构应进一步完善对外来务工人员的劳动权益立法，明确相关的法律责任。其次，国家应成立专项劳动者权益保障委员会，对各地方用人单位采取突击检查，对于发现劳动者权益没有切实履行的地区行政机构、用人单位依法追究其法律责任。再次，国家应建立健全劳动者对于违法的用人单位、玩忽职守的地方行政机关的反馈检举机制。最后，国家应依托相关平台及渠道进一步宣传劳动保障领域的法律常识，增强广大劳动者的法律维权意识。

2. 外来务工人员自身角度

通过本次调查我们发现，外来务工人员普遍具有文化程度低、法律意识淡薄、维权意识低的特点，这些特点不但严重影响他们自身的劳动权益，而且也会让相关用人单位敢于逍遥法外、为所欲为。广大外来务工人员平时应该多了解相关的法律常识及当地的地方性法规、行政条例、福利政策等。

五、创新点

整体来看，我们团队的创新主要有以下几个方面。

（1）资料搜集的针对性。在行程开始之前，我们首先通过指导老师的建议搜集有关方面的资料，并不断筛选对我们课题有价值的信息。通过科学地搜集资料，保障了我们对课题本身的理解和判断，为后期的工作打下了坚实的基础。

（2）组织规划的合理性。在调查阶段，我们按照提前规划好的行程安排，合理稳步地推进调查工作，对突发状况的发生进行了有效的规避。

（3）调查方法的多样性。在调查阶段，我们除了主要采取的问卷调查法，还采用了访谈法实地走访外来务工人员居住地进行抽样调查，为后续开展的数据统计工作奠定了科学的理论依据。

（4）统计分析的科学性。在后期数据处理分析阶段，团队采用多种统计方法相结合的方式，分别对问卷的每一项问题进行数据统计，经过一定分析之后，团队发现有两项指标存在密切联系。然后团队运用相关与回归分析对两组数据进行研究，最终发现这两项指标存在一元线性相关关系，并得到理论印证。这也是本项课题的重大研究成果。

参考文献

［1］李朝晖．我国农民工医疗保险方案存在的问题与完善思路［J］．经济纵横，2008（5）．

［2］郭丽．农民工医疗保障制度的现状及改进措施［J］．人力资源开发，2009（1）．

［3］任建萍，徐玮．企业对农民工参加医疗保险的意愿调查［J］．中国卫生经济，2006（3）．

感　想

第一次做科研，说实话对于像我们这样"大门不出，二门不迈"只会读书的书呆子来说还真的有点遥远，平时我们大多都在课堂上"纸上谈兵"，很难将自己与社会上忙忙碌碌的准职场的身影联系到一起。但不可否认，在我国综合实力高速发展的形势下，如此发达的当代社会，国家对于大学生社会科研实践更是给予了莫大的支持，这无疑会提高我国大学生的科研实践创新能力。

放下浮躁的心情，捧起书本，读文献，拿一个笔记本记录每一点当时不理解的地方，拿来跟指导老师探讨，经常拿出来看看，慢慢去想，常常想通了后一种前所未有的满足感涌上心头。

平生第一次写调查问卷的时候，我们花了整整一个月才把它最终整理好，达到老师的要求，在那段时间里大家哪里也没有去，几个人在图书馆、自习室，不断地思考、讨论，把看过的文献整理出脉络，设计出了不错的问卷。我们每个人都尽自己最大的努力去做好这件事情，我们的指导老师也很满意，我们自己也很开心。

后来我们真正走访当地企业、员工宿舍，一个一个地去和他们交流探讨，这个过程对我们大家的影响是极其深刻的，因为这次经历不仅让我们学到了很多书本上学不到的东西，更是一段美好的回忆。

学科类别：经

北京市大学生公费医疗的调查研究

学生姓名：杨弈　韩雅茹　许烊宁

指导教师：张建宝　讲师

摘　要：近年来，随着高校招生规模的不断扩大，高校公费医疗在实施过程中出现了一系列问题。本项目针对北京市大学生公费医疗制度展开调查，以实地调查及采访等形式，就现在北京市大学生享有的公费医疗制度、费用、服务等进行分析，以期探讨北京市大学生公费医疗的改革建议。

关键词：北京；大学生；公费医疗；改革

一、研究背景

随着医疗改革的深入，大学生的医疗保障逐步得到重视，但随着大学生数量的增加和医疗费用的不断上涨，公费医疗制度开始出现透支的情况。在这种情况下，除北京市外的其他各省市都开始进行改革，各种形式的改革层出不穷，只有北京市的大学仍旧施行公费医疗制度。究竟大学生公费医疗制度是否应该取消或如何改制引起了广泛关注。因此我们对北京市现在大学生公费医疗的情况进行调查分析，总结出目前北京市大学生公费医疗存在的问题，并提出有针对性的改革建议。

二、研究思路及方法

（一）研究思路

针对北京市大学生公费医疗制度的专项调研工作，制订明确的研究思路（见图1）。

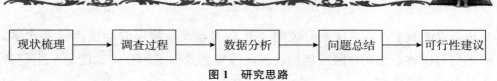

图1 研究思路

（二）研究方法

1. 问卷调查法

（1）问卷的架构和题型确定。

（2）调查对象及问卷数量确定。

（3）问卷的修订与定稿。

2. 深度访谈法

（1）本校校医院走访。

（2）高校学生调研。

（3）相关部门走访。

三、问卷及访谈分析

（一）外省市部分大学医保制度的电话采访分析

1. 参考文献资料分析

目前外省市绝大部分大学都已经将公费医疗制度取消并改成其他不同方式的医疗保障。

2. 电话采访分析

外省市公费医疗改革的整体效果并不好，虽然减少了国家和学校的负担，但是由于各高校改革普遍缺乏系统的设计，无法与社会保障制度进行有效的对接，因此就出现比改制前更多的问题。

（二）北京市十所大学问卷调查及访谈分析

1. 北京大学

有97％的大学生认为校医院药品供应充足。这说明北京大学校医院在药品供应方面基本上是可以满足大学生的需求的。在针对校医院医务人员的就诊态度的调查中，有80％的同学认为校医院医务人员的就诊态度很好，这说明北京大学校医院的就诊环境好。

2. 北京工业大学

有50％以上的同学认为就医时校医院医务人员的诊断结果十分准确，认为不准确的只有 7％，这充分说明了北京工业大学校医院的医生诊断水平，同学们可以放心地在校医院就诊，既能够得到及时的治疗，也能为学生们省下外出看病的费用。

通过对北京工业大学公费医疗办公室工作人员的采访发现，北京工业大学作为北京市公费医疗东部区域的组长，无论是在开学教育的宣传还是就医方面的政策规范都是较为完善的。

北京工业大学在学生入学手册中添加了一项对校医院就诊流程的介绍，在最后一页添加了学生阅读后需要签字确认的确认书。当学生签字确认后就说明他们已经了解相关内容，这在一定程度上起到了强制学生了解学校各项规章制度的目的，并为他们在今后就医方面提供了方便。

3. 首都师范大学

从平均每学期在校医院的就诊次数中发现：首都师范大学的大学生有50％的同学每学期在校医院的就诊次数为五次左右，根据学生每个人的身体情况来看，每个学期又会有相当大的一部分人是不生病的或者不在校医院就诊的，所以在调查中出现五次左右及以上的人数去校医院看病的比例如此之大，也说明首都师范大学的校医院整体医疗水平较高。

4. 北京印刷学院

在对北京印刷学院的问卷调查中我们发现，有近一半的同学是对公费医疗的就医流程有一定了解的，这是在所调查的十所高校中唯一一个对公费医疗的就医流程了解占据被调查人数的一半比例的，这说明北京印刷学院的宣传工作相对比较到位，但是仍然有很大的改进空间。

在调查中我们发现：每年校医院都会对医生进行综合考评及奖惩制度，每学期都有学生座谈会，学生可以反馈问题。在北京上大学的本地和外地学生，其报销制度和要求上并无区别。即便如此还是存在些许不足，就是周六日校医院无人值班，不能保证学生的正常就医需要。

5. 实证分析

在对问卷综合调查分析的基础上，我们进一步通过回归分析的方法对其满意程度的影响因素及其影响程度进行分析。

（1）计量模型数据来源。通过问卷调查整理出相关数据进行分析，数据处理过程通过计量软件（Eviews 5.0）来实现（见表1）。

表1 满意程度调查相关数据

	Y	X_1	X_2	X_3
1	67	12	33	19
2	76	15	43	29
3	60	16	24	24
4	72	18	43	20
5	63	14	35	26
6	70	21	29	27
7	78	30	30	22
8	62	18	34	21
9	67	11	42	18
10	66	23	26	25

注：X_1：校医院药品供应满意度；X_2：校医院诊断结果满意度；X_3：校医院医务人员就诊态度满意度。

（2）模型的回归分析和检验。对计量模型 $Y = C_0 + C_1 X_1 + C_2 X_2 + C_3 X_3 + u$，借助计量经济软件 Eviews 5.0 进行回归分析和检验。其中，$C_0 \sim C_3$ 表示模型常量，Y 表示大学生对校医院公费医疗的总体满意程度，u 表示随机项。结果如图2所示（注：在置信水平为95％情况下，当 p 值小于 0.05 时该影响因素显著）。

从回归分析和检验结果看，相关系数 $R2 = 0.9$，F 检验 P 值极小，因素的显著性良好，说明模型拟合集成度较好。利用回归分析产生的系数构建反映校医院各项影响因素对大学生公费医疗满意程度的影响关系的计量模型为：

$$Y = 26.88305805 \times 1 + 0.8602169321 \cdot X_1 + 0.6666733032 \cdot X_2 + 0.1430619834 \cdot X_3$$

实证分析结果表明：X_1、X_2、X_3 中 X_1、X_2 为大学生对校医院公费医疗满意程度的显著影响因素，其中大学生最不满意的方面是校医院的药品供应不能满足所需；非显著因素为 X_3，大学生比较满意的是校医院医务人员的就诊态度。

（三）北京市公费医疗办公室相关人员采访分析

1. 小组划分依据

公费医疗办公室讨论决定按照区域划分，东部区域分为五个小组，西部

Dependent Variable: Y/X2

Method: Least Squares

Date: 10/04/13   Time: 23:43

Sample: 1 10

Included observations: 10

Variable	Coefficient	Std. Error	t-Statistic	Prob.
1/X2	26.88306	14.13089	1.902433	0.1058
X1/X2	0.860217	0.237951	3.615094	0.0112
C	0.666673	0.213283	3.125766	0.0204
X3/X2	0.143062	0.412131	0.347128	0.7403

R-squared	0.940772	Mean dependent var	2.074319
Adjusted R-squared	0.911158	S.D. dependent var	0.396080
S.E. of regression	0.118057	Akaike info criterion	-1.146124
Sum squared resid	0.083625	Schwarz criterion	-1.025090
Log likelihood	9.730619	F-statistic	31.76780
Durbin-Watson stat	1.632288	Prob(F-statistic)	0.000444

图 2　北京市大学生对校医院各项服务满意度与总体满意度的实证与检验结果

区域分为四个小组，每个小组安排一个学校作为组长，这样可以组织开会协商相关的公费医疗政策。

2. 已经发布的政策措施

北京市各大高校遵照《北京市公费医疗管理规定》及北京市高校公费医疗管理政策，根据学校的实际情况，制定各自高校的《学生公费医疗管理办法》，并在里面做详细的规定。

3. 有待改进和即将进行颁布的政策措施

对于我们所提出的关于北京生源在外地上学享受不到医保政策问题，北京市公费医疗办公室工作人员做了细致的记录，并说明一定会在最近的相关会议上提出，尽快弥补政策漏洞。

（四）通过调查了解到的关于大学生公费医疗的情况与所查的北京市城镇居民医保进行对比分析如下（见表2）。

表2　　　　　　　　　　　公费医疗与城填医保对比

	公费医疗制度	医疗保险制度
报销额度下限	无	1300 元
报销额度上限	无	20000 元
可报销医院	2 家，其他医院急诊可以	定点 2 家，市属不限
报销比例	80%～95%	80%
时间限制	有部分高校寒暑假不能报销	无
报销要求	必须到校医院开转诊单	医保卡
办理流程	只适用于北京市大学生	每年需要交纳 100 元费用

四、存在的问题

（1）学校宣传和入学教育力度不够。

（2）校医院医疗设施和就医条件较差。

（3）就医限制多且公费医疗经费超支严重。

（4）就医过程中医生与学生间的交流反馈机制不健全。

（5）北京籍外地上学学生医疗保障存在漏洞。

五、可行性建议

由于北京市并未出台明确的改革措施，本项目组根据调查的情况进行分析和对问题进行整理，从以下两个方面提出可行性建议。

（一）公费医疗改善的可行性建议

1. 加强有关校医院及公费医疗制度的宣传力度

校医院有关公费医疗的宣传方面，首先，应做到领导监督、老师负责、班导引导；其次，校医院应在校园明显位置和附近设立有关公费医疗制度介绍的橱窗和展板，以便学生阅读和了解；最后，校医院内部应张贴有关校医院公费医疗制度的介绍和流程图，设有免费取阅的宣传单页。

2. 完善学生对校医院的医疗反馈及评价制度

关于反馈机制的形成，首先，应定期举办有关校医院反馈情况的学生座谈会，涉及学生代表、校医院人员及校方有关领导，主要针对学校就医方面展开讨论与交流；其次，对医生的工作态度给予及时评价，可以在窗口和诊室设置即时评价器，主要针对医生的医疗态度进行评价；最后，在校园网上设置有关校医院各方面评价的网页专栏，以便学生对就医以后的情况进行反馈。

3. 严格校医院医生考核和投诉制度，提高医疗软件水平

校医院医生应该有专门的考核制度，首先，应完善考核制度要求，做到不偏不倚；其次，应严格执行考核制度并将校园网专栏的评价反馈情况纳入考核制度，作为考核的标准之一；最后，在校医院网站和校医院内设立专门用于投诉的专栏和信箱，以便校医院及时了解不足并给予改正。

4. 适当增加有关定点医疗机构的设立

关于定点医疗机构的设立，除了设立应急的周边医院外，应多设立医疗水平较高的三级甲等医院为定点医院，对学生的健康给予全面的预防及保护。

5. 填补有关京籍和非京籍有关公费医疗的漏洞

关于暑假报销和外地生的报销问题，进行统一补充和规定，关于外地生源寒暑假的报销问题，规定寒暑假外地生每人 50 元的报销标准，如果遇到突发重大事件可以进行向公费医疗办公室进行申请审批，审批通过后允以报销。

北京籍在外地上大学的学生应统一加入城镇医保或者统一的医疗保障制度，避免政策漏洞。

（二）公费医疗改制的可行性建议

1. 建立国家、学校、学生三位一体的新型医疗保障体系

根据对当前北京城镇居民医疗保险制度和调查中对北京市大学生公费医疗制度的了解，我们认为，完善的大学生医疗保障制度应该建立一个由国家、学校、学生三位一体的保障体系。整个体系的资金来源分为三个部分，其中国家财经拨付占据整个资金体系的 90%，学校经费填补占据接近 10% 的比例，最后剩下少量经费由学生个人承担。

2. 新型医疗体系的优势

通过建立三位一体的大学生医疗保障制度，将公费医疗制度的缺陷逐步解决并完善。提高学校校医院的药品质量；提高校医院医务人员的就诊态度和技术水平；改善校医院设备及就医环境；提高转诊医院数量、简化报销手续、调整就诊期限；统一全国高校的就医就诊制度，建立明确而完善的信息反馈机制，加大监督管理审查力度，最大限度发挥新型医疗保障体系的优势，为学生就医提供充足的保障。

参考文献

［1］唐沛然，许明达，刘泉君．北京市大学生公费医疗现状分析及改进建议［J］．当代经济，2010（7）：36－37.

［2］连利，李林，高校大学生公费医疗改革的探讨［J］．西南农业大学学报：社会科学版，2008，6（4）：208－211.

［3］边宝兰．关于大学生公费医疗制度改革的探讨［J］．中国校医，1997，11（5）：11－17.

［4］黄丽媛．我国现行大学生医疗保险制度存在的问题与完善建议［J］．制度建设，2009（4）：58－59.

［5］郑振华．我国大学生医疗保障制度改革探讨［J］．北京市计划劳动管理干部学院学报，2006，14（3）：6－7.

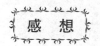
感　想

项目心得

作为项目组的组长，能够参加校级优秀项目的评选，我特别高兴。很感谢张建宝老师对我和我们项目的帮助和指导，也很感谢我的两位队友对我的信任。

《北京市大学生公费医疗的调查研究》这个项目我付出了全部心血，从最开始的立项报告，到最后的结项答辩都是很不容易的，但是我收获的东西是一辈子的。

1. 立项

大学生公费医疗问题一直引起社会各方的关注，外省市的大学绝大部分已经取消大学生公费医疗，但是北京市的高校目前仍然施行公费医疗制度，通过对本校校医院公费医疗相关制度的初步了解，我们项目组发现很多问题，由此开始立项调查。我因为比较关注学生就医问题，便和两位同学一起开始了该项目的调研。

2. 调查过程

通过各种方式的调查，我提高了自己的策划、组织以及总结能力，各大高校的调研虽然辛苦，但是也还是明显地看出各校公费医疗的差别，对工作人员的采访也让我对公费医疗有了更加深刻的理解，也锻炼了我与人沟通的能力。

3. 答辩

无论在中期答辩还是结项答辩，同学们的帮助和老师的指导都让我的沟通能力和应变能力得到提升，在老师和同学们面前进行答辩也让我一次比一次从容镇定，能准确回答评委的问题，也让我对自己更有信心。

我完成了项目的调研，这个项目也让我对自己更有信心，提高了我各方面的能力，让我充实而完整。

学科类别：管

国际收入准则的发展及其对我国的启示

学生姓名：张克娜

指导教师：张军 讲师

摘　要：国际收入准则在国际会计准则理事会（IASB）及美国财务会计准则委员会（FASB）的不懈努力下，终于取得实质性进展——《关于客户合同收入确认的初步意见》讨论稿。本文从国际准则的发展趋势、原则导向与规则导向及资产负债观等角度对合同基础的收入确认方法进行评介，为我国的收入准则的国际趋同和进一步完善提供建议。

关键词：收入准则趋同；客户合同；资产负债观；举措

一、引言

本文所指收入均为营业收入，典型的是向客户销售商品或服务获得的收入。收入确认被视为最复杂的会计问题之一。因会计分期假设的存在和新行业及新的营销方式的涌现，在现行以交易为基础进行收入确认的会计准则指导下，关于如何确认收入、何时确认收入及确认多少金额就比较棘手。但是，现行世界上主要流行两种会计准则，即以原则为导向的国际会计准则（IAS）和以规则为导向的美国公认会计原则（GAAP）更为收入的确认及国际可比性增加了困难。国际会计准则因以主要风险和报酬的转移为收入确认的标准及各国法律及思维习惯的不同，不能充分反映交易的经济实质并降低了国际财务报表的可比性。美国公认会计准则以"可实现""已实现"和"已赚得"为收入确认的基础，经常产生不符合资产和负债定义的递延项目。国际收入确认概念准则的差异及各自的缺陷是收入确认复杂的关键所在。为收入提供完整的确认框架，增强国际收入准则的广泛适用性，国际会计准则理事会（IASB）与美国财务会计准则委员会（FASB）联合开展了包括收入准则在内的全球统一的高质量的会计准则的项目。2008 年 12 月 19 日，双方联合发布了《关于与客户签订合同中的收入确认的初步观点》，提出了基于合同的收入确认原则，决定采用交易价格作为合同收入确认的计量基础。2010 年 6 月 24 日，IASB 与 FASB 联合发布了征求意见稿《与客户签订合同的收入》。2011 年 12 月，IASB 再次发布征求意见稿，在保留核心原则的基础上又提出客户合同收入确认的五个步骤，进一步完善客户合同收入方法。

二、IASB 与 FASB 目前收入准则改革的主要方向

IASB 与 FASB 逐渐倾向于会计准则的原则性指导，从资产负债观出发，对于收入准则的修订决定采用客户合同的收入确认方法，即摒弃以交易为基础，用合同范畴来规范收入确认。

（一）文献综述

张金若等（2010）指出合同基础上的收入确认模式在理论上有一定新意，能更加反映销售交易中各种合同权利与合同义务对企业损益的影响，但在理论内在一致性及执行层面仍需要进一步完善。葛家澍（2010）认为把"合同"引入销售业务可以将美国公认会计准则中容易引起分歧的两个标准——已赚的和可实现的可以更好地结合起来，突出指明收入离不开交换，但对于合同基础的收入确认模式以控制权的转移为收入确认标准不符合《资本论》中的全面易手，且认为只转移控制权的"交换"与经营租赁没有区别。李桂萍（2011）认为源于客户合同的收入不仅降低了不同行业交易间收入确认规范的复杂性，也消除了现行收入确认规范和实践中的矛盾。并认为合同基础的收入确认、计量、披露的改进提高了会计信息的决策有用性，对于我国的海外企业，降低了不同准则之间转换的成本，为企业提供更相关、可比的会计信息。

（二）客户合同的收入确认方法简介

1. 指导原则

客户合同收入确认。合同被定义为主体双方或者多方承担强制性待履行义务并享有对等权利的协议。在一项销售合同中，销售主体既享有收取货款的权利也履行按照客户要求提供相应商品或服务的义务。收取货款的权利代表合同资产，履行向客户转移商品或服务的义务代表合同负债，一项交易形

成的是合同收入还是合同损失，要看合同资产与合同负债的差额。

2. 确认标准

商品或服务控制权的转移。2010年6月，IASB发布了收入确认准则的征求意见稿，摒弃了主要风险报酬转移观及收入实现原则，而以商品和服务的控制权的转移作为收入确认的必要条件。客户拥有商品或服务控制权的表现：①享有从该商品或服务获利的权利；②拥有商品或服务的所有权；③商品或服务具有特殊性，按客户的具体要求量身定做；④履行无条件支付货款的义务。以上四个条件可单独存在，也可共同存在。

3. 计量属性

合同交易价格。交易价格是主体因向客户转让已承诺的商品或服务而有权获得的对价金额。理事会对合同计量属性的选择经历了从脱手价格到合同交易价格的转变。采用脱手价格的计量属性存在很多缺陷，增加了合同收入确认不真实性的风险。2008年12月，IASB与FASB放弃脱手价格，对合同资产及合同负债采用交易价格进行初始计量。

（三）合同基础下的收入确认流程

1. 确定与客户签订的合同

客户合同的范围不包括租赁合同、保险合同及金融工具合同。当一项复杂合同包含多重因素的合同时，主体应根据修订后的应用准则将符合征求意见稿的客户合同与上述合同区分开来。合同广泛存在于各项经济活动之中，且形式多样。合同必须具有商业实质，如果合同一方或多方可以任意选择不履行合同义务，单方面无条件地终止未执行的合同，则该合同是不成立的。

2. 识别客户合同中单独的履约义务

在一份合同中包含多项商品和服务且可明确区分时，应将其划分为单独的履约义务核算。对于期限超过一年，收入随义务履行时间而逐次确认的复杂合同，商品或服务可明确区分的，应将该合同分立为若干个独立的待履行义务。商品或服务可明确区分的标准：客户能单独使用该商品或服务，并可以将其与其他易于获得的资源一起使用，并从中获益；主体经常单独销售该商品或服务。

3. 确定交易价格

当一项待履行义务随着时间的推移而得到满足，主体应通过测定义务履行的方式，进行收入确认。在确定初始交易价格时，主要考虑的要素有合同成本、货币时间价值、客户信用风险。

4. 将交易价格分摊至合同中单独的履约义务

当合同中不止包含一项待履行义务时，主体通常需要在可分离待履行义务相对独立的售价基础上，分配合同的交易价格。当合同变更满足一定条件时，变更后的合同应该独立于原来的合同，单独核算。否则，主体应该估计变更的合同，依据未履行的义务分配剩余的交易价格，并且更新待履行义务的计量方法。

5. 在主体履行履约义务时确认收入

当商品或服务的控制权转移给顾客时，主体需要针对每项待履行义务确认收入。随着合同义务的逐渐履行，合同资产逐渐增加，合同负债减少，从而需要确认相应收入。当主体向客户转移的那部分商品或服务的成本无法可靠计量时，应对其独立售价作出合理估计，以便及时确认相应收入。对于持续转移商品或服务的合同，运用投入法或产出法来更好地描述转移给客户的商品或服务。

（四）对合同收入及其确认流程评析

1. 合同基础的收入确认模型具有很大的优越性

（1）从准则制定的原则导向及规则导向来说，合同基础的收入确认准则更加趋向原则导向，可以更好地适应复杂的经济交易及不断创新的交易形式，减少了对于特殊行业特殊交易具体复杂的指导，提高了国际准则的广泛适用性。合同基础的收入确认模式以原则为导向，会计人员可以根据具体的交易事项，按照收入确认的原则，结合自身的职业判断进行会计处理，而不会拘泥于规则导向的具体的形式界限，而忽略了交易的经济实质。在确认流程中，识别客户合同中单独的履约义务，对性质相近的合同进行合并，对于复杂的合同进行分立，明确企业应履行的合同义务，更加充分反映交易的经济实质。

（2）国际会计准则体系的计量观已经从收入费用观过渡到资产负债观。客户合同基础的收入确认原则更是从资产负债观出发来反映企业的综合收益。与收入费用观相比，资产负债观更注重交易和事项的实质。客户合同的收入确认中，根据合同资产及合同负债的变动进行收入确认，厘清合同交易或事项对企业财务和经营状况产生的影响及后果，进一步反映了经济实质，提高所确认收入的相关性。

（3）收入确认流程步步紧扣，为收入提供了严密的确认步骤。确定与客户签订合同，产生法律效力；根据合同条款，识别合同中单独的履约义务，为后续交易价格的分配奠定基础；在考虑了合同成本、货币时间价值等因素后确定交易价格；将合同交易价格分配到各独立待履行义务；随着义务的履行，客户获得商品或服务的控制权后，主体进行收入确认。合同基础的收入模式以时间为确认标准（完成合同义务，转移商品或服务的控制权的时点），较现行会计准则判断主要风险和报酬的转移时点更具明确性及客观性。

（4）从国际会计准则趋同的角度来说，会计准则国际趋同的最终目标是向会计信息使用者提供高质量的会计信息，以便不同国家或地区的会计信息使用者及时作出正确的经济决策，同时减少跨国公司同时准备多套账本和报告的成本。客户合同基础的收入确认原则为收入的确认提供了强大的框架，减少企业所使用的收入准则的数量，简化财务报表的编制，增加收入在企业与地域间的可比性。

2. 合同基础的收入确认原则仍存在缺陷

对于客户的信用风险，现行收入准则依据风险和报酬的转移程度确认收入金额，不能充分体现主体义务的履行情况。在合同基础的收入确认模式下，将商品的所有权与控制权分开，增加了收入确认的不确定性。客户信用风险并不影响是否确认收入，没有考虑到预期未来现金流入的可能性，可能给相关人员进行收入操纵留下可乘之机，对会计信息的稳健性构成挑战，但修订后的征求意见稿通过要求增加收入相关信息的披露，进行弥补。

三、我国应对措施

如何利用国际会计准则，最大程度地维护我国利益，是我们不得不考虑的问题。而对于企业日常发生的收入项目来说，收入准则的国际趋同对企业影响重大。我国应采取以下措施。

（1）坚持我国关于国际财务报告准则的"持续全面趋同"模式及借鉴美国对国际财务报告应用的"趋同认可"模式。在收入准则过渡时期，运用趋同模式策略处理客户合同的收入确认准则与我国现行的主要风险报酬转移的收入确认模式的差异，积极向新的收入确认模式趋同。毕竟国际会计准则反映未来经济发展趋向，积极向国际会计准则趋同不仅可以顺应经济发展的潮流，加强国家之间的经济往来，还可以降低会计制度创新成本，前瞻性地制定相应的准则规范，更好地融入国际化进程。在过渡期结束后，根据新准则的实施情况，对于符合我国财务报告准则的加以认可，否则根据我国实际情况修订或改善新的收入确认准则。

（2）积极参与此次收入准则改革，密切关注客户合同收入确认的新动向，保持与国际会计准则的协调一致。

（3）为收入准则的改变做好充分的准备工作，结合我国实际情况，积极稳妥地将合同基础的收入确认原则应用到我国的经济活动中。同时应制定相关制度，采取措施，降低制度转变的成本，并防止在收入准则转变之际，乘机歪曲收入，操纵利润，而给投资者带来不必要的损失。

（4）加强对合同基础的收入准则的学习研究，全面、准确、深入地理解应用新准则。客户合同的收入确认模式更加趋向准则的原则导向，合同基础的收入确认需要会计人员更多的职业判断，这就对会计人员的理论功底及相关财务知识水平提出了更高的要求。在全面理解合同基础的收入确认模式的基础上，提高使用原则导向的准则的能力，促使合同基础的收入准则有效实施。

（5）提高我国审计水平。客户合同的收入确认模式在实务中需要会计人员更多的主观判断及合理估计，给收入确认的审计带来新的挑战。这就要求审计部门不断提高自身的审计水平，来规范及监督收入的确认。

本文认为在资产负债观的指导下，客户合同基础的收入确认模式可以消除现有收入准则的不一致，为不同国家及地区的收入确认提供更宽泛的框架，且更加符合原则导向，在进一步反映交易的经济实质，提高财务报表信息可比性与相关性方面有突出进展。我国应顺应国际收入准则的发展趋势，积极趋同。高质量的会计准则要求有与之相适应的经济环境，这对我国会计人员水平及审计环境提出了更高的要求。虽然合同基础的收入确认模式目前有一些不足之处，但随着实践会不断完善及发展。

参考文献

[1] 葛家澍，杜兴强．财务会计概念框架与会计准则研究［M］．北京：

中国财政经济出版社，2003.

　　［2］张金若，桑士俊．"合同基础的收入确认原则"探究［J］．中南财经政法大学学报，2010（2）：95－99.

　　［3］李桂萍．IASB/FASB 收入准则最新进展及评价［J］．商业会计，2011（6）．

　　［4］MARK CROWLEY，SEAN ST. GERMAIN，BETH YOUNG，et al. Comments on the Revised Exposure Draft on Revenue Recognition．［J］Heads Up，2012，19（8）．

感　想

　　参加此次大学生科研创业项目受益匪浅。在这个过程中，我学到了很多，不仅对国际收入准则的发展有了更深层次的理解与认识，运用科学的思维方法去思考问题，还真切感受到做学术要有一颗沉稳、不浮躁的心，并用严谨的态度去对待学术。同时还提高了我阅读外文文献的能力，接触到西方学者的思想精粹。知识是无边际的，只有勤奋阅读才能不断升华自己的思想。

　　非常感谢张军老师能够在百忙之中抽出时间对我进行指导。让我学会用不同的视角去思考问题。论文格式的种种要求，正是学术论文严谨性在格式上的体现。通过对论文格式的调整及修改，让我体会到细节是不能被忽略的。

　　通过此次项目，我感受到认真努力付出，总会有回报。在以后的学习及工作中，我都会用严谨的态度去学习自己的专业知识，用高标准去要求自己。

学科类别：管

大学生自我管理问题刍议

学生姓名：院施凯

指导教师：桂天寅　副教授

摘　要： 本文在论述大学生自我管理的概念及意义的基础上，分析了大学生要实现在校期间对个人事务实行有效自我管理所应具备的基本技能，以及实现自我管理的五个主要领域及不同表现类型，有针对性地讨论了如何确立、实施大学生在校期间个人事务的有效自我管理模式。

关键词： 大学生；个人事务；自我管理

一、什么是大学生的自我管理

所谓大学生的自我管理，是指大学生在大学学习期间，对自己的学习事务、生活事务、科学研究、社会调查、社会实践和专业实践等各种性质的活动所实施的自主性管理。它有三个基本特征：从管理主体看，大学生是实现自我管理的主体，也就是管理者；从管理客体看，大学生又是以自我管理为管理的对象，也就是被管理者；从管理过程看，大学生的自我管理又是以自我认知（感知、想象、思维等）、自我体验和自我调控展开的。因此，大学生的自我管理行为是管理主体、管理过程和管理对象三者的统一。以大学生的学习事务为例，在这一过程中实施的自我管理，就是建立在真正理解学习型社会对现代人提出的学习挑战和终身学习的概念及意义的基础上，明确自己在校学习的目的和动机，制订出科学有效且适合自己发展需要的学习计划，并在近期学习目标和远期学习目标的指引下，积极调控自己的日常学习行为，不断自我说服和自我调整，不断增强自己的学习兴趣，并在这一过程中对自己的学习行为进行有效的自我反思、自我评估、自我总结和自我调整。

在当今迅速发展的社会中，传统教育模式下培养出的"服从命令听指挥"

的大学生已经不再符合创新型社会对高素质、创造性人才的实际需要。由于当前社会对自主创新的要求日益提高，没有自主创新意识和自主创新能力，就不可能有自主创新行为。但是这种意识和能力又不是天生的，而是高校在人才培养中可以帮助大学生树立并提高的。基于这种要求，高校对于大学生的管理也出现了新的标准及要求。如何培养大学生的自主意识和自主行动能力，在大学生的个人成长、成才过程中，显得尤为重要。因此，高校如何引导和帮助大学生开展自我管理就成为人才培养中的一个重要任务。一方面，我国高等教育的目标是把学生培养成为"有理想、有道德、有文化、有纪律"的德智体美全面发展的综合型人才。另一方面，一般情况下的大学生都到达了完全民事行为能力人的年龄，他们应具有独立行使权利、履行义务的能力，但是由于各种外部因素的影响（如学校的"保姆式"管理模式、家长的保护干预等）使得当代大学生法律意识缺乏，行使权利、履行义务的能力下降。所以，只有让大学生自己管理自己，才能激发其内在的潜能，使他律转化为自律，并在自我管理过程中，加强责任意识、丰富法律知识，以及有效行使公民权利义务的能力。同时，引导大学生强化自我管理也符合社会发展的现实需求。事实上，为大学生提供更多的自我管理空间和自我管理自由，可以大大增强他们的成人感，大大提高他们的自主学习意识和学习能力，独立解决生活问题的能力和参与社会活动的能力，并促使他们在这一过程中提高责任感和创造力。

二、大学生自我管理必须具备的基本技能

因为个体的自我管理能力存在差异，因此在讨论大学生的自我管理问题时，必须首先讨论大学生所应具备的基本管理能力。这些基本管理能力涉及以下四个方面。

1. 自我认知

自我认知是大学生对自己的心理、言行的自我了解。其内在要求是，既要能充分了解自己的性格特征、心理状况、学习工作生活现状，也要能寻找自身优势和劣势，总结自己的成功和失败，并对如何扬长避短有较为清晰的认识。一个人只有客观、正确地了解自己，包括自己积极的一面和消极的一面，才能客观、全面、正确地评价自己、约束自己和激励自己，从而合理进

行自我管理。可见，自我认知能力的高低将直接影响大学生自我管理水平的高低。

2. 自我计划

计划是建立在对未来进行预判的基础上的自我管理行为，涉及对不断变动的社会环境的预判和自我发展如何适应社会需要的预判。大学生根据既定的个人发展目标对自己的未来进行有目的的规划，将个人发展和环境发展结合起来，这是自我管理过程中不可或缺的重要组成部分。计划能力的高低，主要体现在所作的计划是否合理，是否切合实际，是否具有可执行性，是否符合社会和个人发展的真实方向。计划的作用在于为大学生的行为提供了发展的方向、目标和路径，并对执行过程作出了有组织、有效率的安排。在自我计划过程中，明确目标是非常重要的。

3. 自我控制

自我控制是指能动地控制自己的情感、意识和行为，并通过自我反思和自我监控，把握计划的实现进度和执行效果，自行纠正偏差行为，从而使自己的思想和行为有利于目标的实现。当代大学生在面对学习、生活和社会活动中的多重压力和诱惑时，必须学习自我控制，并不断提高自我控制能力，确保自己能够按照既定目标不断前进。由此可见，自我控制是保障自我管理顺利沿着自我规划的既定方向前进的重要一环。自我控制能力的高低直接体现为自我管理能力的高低。在学习自我控制并不断提高自我控制能力的过程中，大学生将在自我约束、自我调节、自我监督中不断进步，并培养起自己坚强的性格和意志。这对提高自我管理能力有非常重要的意义。

4. 自我激励

自我激励是一种积极的心理活动，它是指个人由于内在的动机和愿望而产生的一种内在的自我驱动行为。此种驱动是确保自我向目标不断前进的内在价值驱动，大学生必须树立远大的理想和人生追求，并以此作为价值驱动力，将自己放在现实面前加以对照，并在面对现实的同时，用价值观和自我的内在精神追求去总结生活、学习中的各种经验教训。如果发觉自己做得还不错，就要自己奖励自己、自己鼓励自己，对自己作出正面的评价；当然，如果做得还不够好，就要在内心深处不断警醒和鞭策自己，并善于运用各种手段充分挖掘和发挥自身的潜质，以积极乐观的心态投入到学习生活和社会活动中，努力缩小现实与理想的距离，努力通过自己的正面行为朝着实现人生目标和自我价值的方向前进。由此可见，自我激励是自我管理的推动力，是引导自我行为的重要一环。

以上四个方面是决定大学生自我管理能力高低的核心要素，只有不断努力提高以上四个方面的技能，才能真正提高大学生的自我管理能力。只有提高了大学生的自我管理能力，才能实现大学生的有效自我管理。

三、大学生在不同事务中的自我管理类型分析

1. 学习事务与社会活动的自我管理

大学生在处理学习事务与社会活动的过程中，自我管理行为主要表现为以下几种类型：学习至上的书呆子型、能力至上的活跃型、学习与能力并重型、漫无目的混日子型。书呆子型的问题在于，把在校生活的领域缩减为单纯的书本学习，自我管理的方式就是将读书之外的其他事务均排除在个人事务之外，目标过于明确，兴趣过于狭窄，自我实现的手段过于单一。活跃型的问题恰恰相反，它降低了读书的重要性，把社会活动对自己的社交能力、行动能力的锻炼放在首位，甚至还有可能放在唯一重要的地位。这种学生的自我管理就是确保以上行为目的的实现，但这种自我实现是有缺陷的。在这种有偏差的行为模式下，目标越明确，能力越强，偏差就有可能越大。混日子型是最可悲的一种类型。在这种类型的大学生身上，能够反映出价值观和人生观的缺失，反映出人生目标的缺失，反映出自我规划能力和自我实现能力的缺失，当然，一句话，就是自我管理能力的缺失。事实上，对学习能力和活动能力的培养，应当使之达到合理的均衡，这正是大学生所应当具备的有效自我管理能力的体现。其中，学习上的自我管理需要明确自己学习的目的和动机，制订适合自己的学习计划，使学习目标具有层次性，并在学习过程中自我执行和自我实现；而社会活动的自我管理同样需要明确目标，因为这种活动毕竟是有目的性的，不是为了娱乐的游戏，因此正确认识社会活动能力的含义及其对个人发展的重要性，并在此基础上发现一般能力与特殊能力的区别和联系，在自我认知能力的作用下，认识到自己能力的所长与所短，进而自己进行有效的控制和管理，在不影响学习的前提下，参加有益的社会活动，不仅有针对性地提高自己的社会活动能力，而且在结识更多的朋友、做更多的事情的过程中最大限度地实现个人价值。

由此可见，因为时间和精力的有限性，对学习的管理和对社会活动的管理，作为自我管理所要处理的一对矛盾，对大学生的自我管理行为提出了比较高的要求。当然，如果能够处理好这一对矛盾，也是大学生具备较高的自我管理能力的一种体现。

2. 理想与志向的自我管理

大学生在理想与志向这一方面更多的趋向于立长志，由于身心日渐成熟，他们更懂得自己真正想要的是什么，并在不断与社会现实的磨合中确立一个最适合自己的目标。但是，由于大学生的心理发展尚未完全成熟，人生观和价值观尚未最终形成，理想的自我与现实的自我之间还存在比较大的差距。因此在行为上具体表现为如下几种类型：积极进取型（参照理想自我不断完善现实自我，从而达到理想自我与现实自我的统一）、现实型（参照现实自我修正理想自我）、庸碌型（放弃理想自我，得过且过）。显然，积极进取型是符合人生发展规律和社会实际需要的类型，值得所有大学生效仿。因为它对大学生个人自我管理能力的锻炼具有很强的促进作用。这种类型要解决的问题是，要有更高的人生观和价值观，并在此基础上树立更高的人生目标，而且在行动的层面上要求自己毫不妥协地朝向目标前进，从而不断提升自我。现实型对自我管理的要求则要低得多，因为它会根据现实情况不断降低目标，也就是不断降低行为的预期性，从而降低对自我的管理难度。庸碌型则根本不树立任何目标，放弃了对未来的预期，也放弃了个人行为的方向性，也就是放弃了自我管理。

3. 日常生活与身心健康的自我管理

大学期间，学生们有更多的空闲时间去自主安排，所以日常生活的自我管理显得尤为重要。这将决定你的生活是丰富多彩还是枯燥乏味。由于每个人的安排不同，日常生活的自我管理表现为：自立型（适应能力强、积极开展学习并参加各种活动）、依赖型（生活自理能力差，严重依赖父母、朋友，或者自律能力差，大多数时间精力都花费在网络上，生活无法有效自理）、中间型（有一定的生活自理能力及自律能力，但不能完全自理或者不能很好地有效自理）。自立型是大学生应当追求的类型。这种类型显然是具有较强的自我管理能力的结果。另外，大学生每天忙于学习、各种活动或娱乐等，往往忽略了自己的身心健康。然而，大学生的心理状态对大学生的自我管理和个人发展有着重要影响。消极情绪由刺激所引发，各种因素均有可能演化为刺激此种情绪的负面因素。当这种消极情绪产生时，大学生个体在心理、生理和行为等方面都有相应的消极表现。大部分大学生在不良情绪产生时，其实都能采取较为积极的态度，以正确的方式加以调整，但还是会有一少部分大学生无法通过自我管理实现不良情绪的合理释放和调整，甚至出现严重的自我封闭或实施极端行为。这些不良情绪也直接影响了大学生的自我管理和自我教育水平。个人行为在身心健康方面的自我管理，有身心健康兼顾型、高度关注身体健康忽略心理健康型、身体与心理健康都不关心型三种类型。要在自我管理中兼顾身心健康，不仅要合理安排并实施体育锻炼，要能够在自我认知方面对自己的性格、情绪、情感的基本状态及它们的动态变化有较为透彻的认识，更要有对不良情绪的自我调整和自我控制。另外，树立正确的人生观和价值观，不断维护和调整积极健康的心理状态，也是在身心健康方面实现自我管理所必需的要求。

四、确立并实施有效的大学生自我管理需要注意的几个问题

首先要让学生明确自己的培养目标。全球著名认知心理学家哈伯特·西蒙曾说"对于一支盲目航行的船来说，所有的风都是逆风"，孙中山先生也曾说"君志所向，一往如前。愈挫愈奋，再接再厉"。由此可见，目标具有引导与激励的作用。然后再合理安排好自己的学习及日常生活，制订具体计划，分阶段、按步骤地实施。与此同时，学校及老师要对学生加以正确的引导，对大学生自己制定的发展目标及自我管理模式给予适当指导。大学生的自我管理，行为者和最终受益者是学生自己，所以要使学生自觉地培养与加强自我管理能力还需要激发学生本人的潜能，树立集体意识，通过相互促进达到共同提高；树立竞争意识，在压力中发展和完善自己；树立未来意识，了解社会对人才的需求及要求。

大学生自我管理模式的实施可以通过实施周末论坛、辅导员工作助理制度、学生党员社区管理制度在学校管理体制中积极拓展学生参与管理的空间，通过学校常规管理和学生自我管理相结合实现。

学生自我管理意识的培养，是以马克思主义理论课为基础，结合当今经济全球化和市场经济化的背景，突破旧的教育模式，提高学生的自我管理意识；学生学习和生活自我管理能力培养，即学生公寓自我管理、学生班级自

我管理（包括辅导员工作助理制度、学生班级自治制度等）、学生活动自我管理（其中包括学生会与学生社团的自治管理）、大学生心理健康自我教育；大学生自我管理的激励和评价，即在实施大学生自我管理的过程中要注意对实施效果的评价及奖励，通过这种方式进一步激发大学生自我管理行为的主动性和创造性。

更新高校教育管理理念，放松对大学生个人事务的强制性管理，在更多领域让大学生自己成为管理自己事务的主人，这是加强大学生自我管理的前提；将传统的使学生消极被动地接受学校的管理变为激励学生积极主动地参与到管理中，并成为管理行为的主体。而且还需要建立健全大学生实施自我管理的科学体系，这是加强大学生自我管理的保障；大学生自我管理的领域主要集中在日常生活、学习活动、班级活动、学生组织与社团活动中，而这些领域恰恰是大学生可以实施自我管理的重要领域。另外，社会实践也能有效锻炼和实现大学生的自我管理，促使他们实现有效的自我发现、自我反思和自我修正。

而高校的责任在于，应当创造一切必要条件，积极引导大学生科学合理地实施自我管理，并促使其在自我管理中不断提高自身能力，最终使他们得以全面健康成长，从而在未来进入社会后能够积极适应社会发展的实际需要。

参考文献

[1] 李满林．大学生自我管理的内容及类型［J］．辽宁教育行政学院学报，2007（5）．

[2] 任自然，左雅．心理健康教育在大学生自我管理自我教育中的作用［J］．思想政治工作研究理论月刊，2010（10）．

[3] 余东晖．大学生自我管理机制实施探讨［J］．阜阳师范学院学报，2010（1）．

 感　想

在这项研究中，我们通过研究管理理论和管理方法，初步了解"大学生科学研究与创业计划项目"的入手点，从而进一步用理论思考如何管理在"大学生科学研究与创业计划项目"中的各项细节和诸多问题，并且针对这些问题，给出相关的处理步骤及解决方案。

与此同时，我们了解到大学生自我管理的主体及最终受益者都是学生，所以要使学生自觉地培养与加强自我管理能力还需要激发学生本人的潜能，树立集体意识，通过相互促进达到共同提高；树立竞争意识，在压力中发展和完善自己；树立未来意识，了解社会对人才的需求及要求。

经过一年对于"大学生自我管理的理论研究与实践——如何发挥学生会在大学生科学研究与创业计划项目的管理作用"的研究，我们有了初步的成果。我们也增长了社会调研的能力，通过走访邻近学校，通过接触社会，我们克服了自己内心的迷茫，并且锻炼了自我表达能力与适应能力。可以在保证完成任务的基础上，更好地选取我们想要的内容。而通过这个项目，我们对于管理问题也同样有了初步认识，这对于我们今后步入社会有很好的推动作用，同时也做了很好的铺垫。

总而言之，通过本次大学生科研项目，我们付出了，经历了，同时也成长了。

学科类别：管

泰州中小企业融资的情况分析及政策建议

学生姓名：仲波

指导教师：朱才斌　讲师

摘　要：近些年来，随着我国经济的迅猛发展，各种经济实体都得到了很大的发展，这一点在我国的中小企业尤为明显，李克强总理提出了城镇化这一计划，而在城镇化的过程中，中小企业的发展毫无疑问是具有重大意义的。尽管中小企业产出所占的比重在国民产出中并不高，但它在吸收社会剩余劳动力这一社会作用上具有十分重要的意义（很显然，中小企业的就业弹性是绝对大于大型企业的）。本文主要对江苏泰州地区的中小企业融资现状进行概括分析，进而给企业本身和政府解决相应的问题提出对策和建议。

关键词：中小企业；融资；现状；对策

一、文献综述

1. 本课题国内研究现状述评

中小企业的范畴。我国对中小企业的判别有严格的界定，表 1 是央行的一份资料，对中小企业进行了划分。

表 1　　　　　　　　　　　　　中小企业划分

行业名称	指标名称	单位	小型	中型	大型
工业企业	从业人员数	人	300 以下	300～2000	2000
	销售额	万元	3000 以下	3000～4000	4000
	资产总额	万元	4000 以下	4000～40000	40000

续　表

行业名称	指标名称	单位	小型	中型	大型
建筑企业	从业人员数	人	600 以下	600～3000	3000
	销售额	万元	3000 以下	3000～30000	30000
	资产总额	万元	4000 以下	4000～40000	40000
批发企业	从业人员数	人	100 以下	100～200	200
	销售额	万元	3000 以下	3000～30000	30000
零售企业	从业人员数	人	100 以下	100～500	500
	销售额	万元	1000 以下	1000～15000	15000
交通运输	从业人员数	人	500 以下	500～3000	3000
	销售额	万元	3000 以下	3000～30000	30000
邮政企业	从业人员数	人	400 以下	400～1000	1000
	销售额	万元	3000 以下	3000～30000	30000
住宿业	从业人员数	人	400 以下	400～800	800
	销售额	万元	3000 以下	3000～15000	15000
农业	生产用固定资产	万元	800 以下	800～4000	4000
林业	生产用固定资产	万元	250 以下	250～1000	1000
畜牧业	生产用固定资产	万元	1000 以下	1000～5000	5000
渔业	生产用固定资产	万元	250 以下	250～1000	1000

2. 研究意义及新意

从世界范围来看，中小企业在支持国家经济发展和吸收社会剩余劳动力方面发挥着巨大的作用。2005 年世界银行在它的经济政策研究中指出："发展中国家的中小企业对就业的贡献率为 17.5%，对 GDP 的贡献率为 15.6%，而在发达国家，这两个贡献率分别为 57.3% 和 51.45%，同时中小企业在各国对经济的贡献比例还在不断增长"。

在所有中小企业发展存在的问题中，融资问题是首当其冲的，因为这对中小企业的长远发展有极为重要的意义。中小企业融资困难这一问题，有众多的经济学家从各个角度进行过理论分析，但实际上，在现实中中小企业融资困难的原因要远远比经济分析的结果更为复杂，这有各方的原因。

本项目实践的新意就是在学术研究外利用一些自身条件与一些工厂和金融机构的负责人进行访谈，从现实的角度深入了解了中小企业的融资问题，比如一些现实的状况、社会关系的层面、活跃的民间融资内容、各方的心理层面等，并将这些很现实的东西加入科研内容中。

二、研究现状

我国中小企业融资现状及存在的问题有以下几方面。

（1）目前中小企业融资方式比较单调，结构非常不合理，融资的主要渠道有银行贷款、小额贷款公司贷款及各种方式的民间融资。其中，当前我国大部分商业银行都已上市，它们最重要的目标就是追求利润最大化，因此，银行都一致把中高端客户、国企客户定位为目标客户。和类似国企的大企业相比，中小企业的贷款成本和风险要远高于前者，就算银行将贷款利率提高也不能将这一成本覆盖，因此，银行不愿意贷款给中小企业也就理所当然了。

（2）很重要的一点是，由于我国目前社会靠关系办事的氛围比较浓重，市场是一个资金供不应求的贷方市场，而国有大银行的高层的利益在一定层面上与所在银行是背离的，所以会出现"没有关系的企业主无法贷到款或者不停地拖延，而有关系的客户只要拿到领导层和客户经理打的'条子'就能立马拿到资金"这样的现象。

表2来源于江苏泰州的一份真实资料，我们以表2为基础分析目前我国中小企业银行贷款融资的现状。2013年1月，项目组对某股份制商业银行位于泰州兴化市的支行现有的"有价值的中小企业客户"（全年日均存款在100万~500万元的客户）进行了一次调研。

表2　　　　　　　　　　　有价值的中小企业客户（1）

编号	类别1	客户数量（户）	占样本比例（%）
1	在该行有授信业务余额的客户	4	5.3
2	在他行有授信业务余额的客户	17	22.67
	合　计	21	27.97

在我国，中小企业的全年日均存款能达到 100 万元和 500 万元之间的，已经算完成了原始资本的积累，可以说这种中小企业的资金实力还是相当不错的，但即使是这样，在这种企业中，获得银行授信的比例也就只有 27.97%，这样的企业尚且如此，那整体实力差一点的小微型企业就更难从银行获得贷款了。

表3   有价值的中小企业客户（2）

编号	类别 2	客户数量（户）	占样本比例（%）
1	取得过该行授信的客户	9	12
2	曾在该行申请过授信但未能审核通过的客户	2	2.6
	合　　计	11	14.6

表 3 表明了当地中小企业申请授信及其结果，可以看出，仅仅只有 14.6% 的企业申请过银行授信。银行的信贷融资是最主要的外部融资方式，但因为中小企业获得银行融资的渠道局限于传统的贷款业务，于是大部分企业就不得不放弃申请银行授信，改用其他融资渠道。

项目组以后进一步的调查中发现，不仅是银行，小额贷款公司对中小企业借款的抵押担保的要求也非常严格，抵押品必须用不动产或变现能力极强的金融票据抵押和质押作为授信融资的担保（有些小额贷款公司甚至只要固定资产不要金融资产），其中不动产比如房屋也不能有价无市，变现成本要低，另外小额贷款公司也会要求有担保人，常见的是找公务员担保，每名公务员可以担保一定数量的贷款，但企业有没有能力和关系找到担保人也是现实中比较棘手的问题。

担保公司也是中小企业向银行贷款的一个桥梁，但是在研究中发现，现实中很多担保公司都是没有融资担保许可证违法经营的，正规的只占很小一部分，正规的担保公司也是不愿意做小企业的担保的，部分公司直接有 100 万元以下的担保不做这条规矩，而且担保公司对企业的信誉和还款能力也有很严格的要求，有时会要求有反担保者，同时有些资金实力相对薄弱的小企业也难以支付利息以外几个百分点的担保费用。

但是目前泰州地区的小额贷款公司和担保公司等民营金融机构都缺乏政府的正规扶持和引导，所以这也必然造成中小企业融资的困难。

中小企业从正规渠道融不到资就会考虑民间融资，尤其是南方，泰州市以戴南镇为代表，民间融资活跃到了不可控制的地步，除了最常见的高利贷，还有民间的打标会等，虽然法律允许民间融资的合理存在，但民间融资往往容易演变成非法集资，资金链一断裂就会造成恶劣的后果，而民间借贷的利率都是很高的，只适合短期的资金周转，并且正常经营的企业利润率都比较低，愿意承担高额利息的反而以那些不正常经营的企业为多，这些恶意借贷的企业破产逃跑之后，会给信誉实力良好的企业以后的融资增加困难。

资金贷方除了关注企业的抵押品外，企业的产品和发展思路也是很重要的。而中小企业的产品竞争力往往是比较弱的，而且也经常会因为生产跟不上大潮流而淘汰。同时中小企业的管理层往往由很少的人组成，企业的发展思路都是一两个人"拍脑袋"想出来的，管理机制相当不完善，造成许多中小企业非常脆弱，遇到不利情况就会倒闭，导致债务不能偿还，这种情况如果经常出现，金融机构对中小企业的贷款会更加谨慎苛刻，融资会更加困难。

在政府方面，中央政府已经规定了银行不可以参与项目融资，所以现在的中小房地产开发商融资相当困难，而在地方政府方面，泰州市政府目前并没有出台新的中小企业融资扶持政策，同时也缺少行业协会的协调扶持。

以上是泰州地区中小企业银行融资的一些现状的一个缩影，反映出中小企业信贷融资的困难。

感 想

一项科研项目需要参考一些专业文献，并在此基础上进行创新，我们的社会科研实践的新意就是在学术研究外利用自身条件与一些工厂和金融机构的负责人进行了访谈，从现实角度深入了解了中小企业的融资问题，比如一些现实的状况、社会关系的层面、活跃的民间融资内容、各方的心理层面等，并将这些很现实的东西加入科研内容中。

通过社会走访我学会了许多在课本上学不到的东西，在与一些融资，小额贷款的经理的交流中，我了解了许多实际经验和专业知识，这些让我对自己的专业有了更多的兴趣，也对我日后的工作大有裨益，做好科研还是应该走出去，只关注课本是远远不够的。

这次的科研我很幸运能够直接走访自己的家乡泰州市，去了解当地的中小企业融资问题，也算是学以致用了，由于只有假期的时间去调研，所以时间上面很紧张，但是困难都是可以克服的，假期里我经常是白天调研，晚上回来写下自己的感受，科研项目给了我很好的机会去实践与思考。

　　我很珍惜这次以科研项目为契机的学习机会，当然，当得知获得优秀项目时也十分高兴，在这里我要特别感谢我的爸爸和我的指导老师朱才斌老师，爸爸帮助我联系了很多企业，对我的科研给予了很大的支持，朱才斌老师对我进行了指导，并在平时给了我很多的建议与帮助，科研的道路是漫长的，想起季羡林先生曾经在别人叫他中国的学者时说道自己受之有愧，在知识与研究上，我时刻都会保持谦虚与踏实的态度，为更好地学习知识，做好实践而不断努力。